KARL MARX

# PARA A QUESTÃO JUDAICA

Karl Marx

# PARA A QUESTÃO JUDAICA

1ª edição

**EDITORA**
**EXPRESSÃO POPULAR**

São Paulo - 2009

Revisão: *Miguel Cavalcanti Yoshida, Geraldo Martins de Azevedo Filho*
Tradução: *José Barata-Moura.*
Título original: *Zur Judenfrage*
Edição original: *"Zur Judenfrage", Deutsch-französische Jahrbücher. Paris, 1/2, 1844, pp. 182-214.*
Projeto gráfico, diagramação e capa: *ZAP Design.*
Impressão e acabamento: *Cromosete*
Arte da capa: *sobre foto de Karl Marx*

Dados Internacionais de Catalogação-na-Publicação (CIP)

M328p
Marx, Karl Heinrich, 1818-1883
Para a questão judaica / Karl Marx ; tradução [de] José Barata-Moura.--1.ed. -- São Paulo : Expressão Popular, 2009.
88 p.

Título original : Zur judenfrage
Indexado em GeoDados - http://www.geodados.uem.br
ISBN 978-85-7743-106-9

1. Questão judaica. 2. Emancipação política - Judeus. 3. Emancipação econômica – Judeus. I. Título.

CDU 23.12

Bibliotecária: Eliane M. S. Jovanovich CRB 9/1250



1ª edição: abril de 2009

EDITORA EXPRESSÃO POPULAR
Rua Abolição, 197 - Bela Vista
CEP 01319-010 – São Paulo-SP
Telefone: (11) 3112-0941 ou 3105-9500
vendas@expressaopopular.com.br
www.expressaopopular.com.br

# SUMÁRIO

# NOTA EDITORIAL

Circulam no Brasil várias edições de *Para a questão judaica* (em geral designada simplesmente como *A questão judaica*), de Karl Marx. Nenhuma delas, porém, em tradução direta do original alemão.

Para oferecer ao leitor brasileiro um texto estritamente fiel ao original, entregamos ao nosso público a rigorosa tradução do prof. dr. José Barata-Moura, catedrático e ex-reitor da Universidade Clássica de Lisboa, que teve como fonte a edição crítica Karl Marx-Friedrich Engels, *Gesamtausgabe* (Berlim: Dietz, vol. I/2, 1982, pp. 141-169 – aos cuidados de Günter Heyden e Anatoli Jegorow). O prof. Barata-Moura, filósofo consagrado, é um dos mais qualificados tradutores e exegetas de Marx e um dos mais destacados membros do coletivo das *Edições "Avante!"*, que responde, em Portugal, pela "Biblioteca do marxismo-leninismo". Consignamos aqui os nossos agradecimentos ao prof. Barata-Moura e, igualmente, a Francisco Melo, das *Edições "Avante!"* (que publicaram esta versão de *Para a questão judaica* em Lisboa, em 1997, como o volume 27 da referida "Biblioteca"), pela cessão dos direitos desta tradução.

A versão do trabalho do prof. Barata-Moura foi submetida aos necessários ajustes ortográficos e, nuns poucos casos, a adequações ao estilo brasileiro do idioma português; não pudemos reproduzir aqui, por razões editoriais, a sua introdução nem, salvo umas poucas, as suas eruditas notas de rodapé. Porém, encarregamos da redação de uma esclarecedora apresentação o dr. José Paulo Netto, professor titular da Escola de Serviço Social da Universidade Federal do Rio de Janeiro e conhecedor da obra marxiana.

Os termos que foram utilizados em outra línguas no texto original, que não o alemão, foram mantidos como tal seguidos pela sua tradução entre colchetes.

As notas de rodapé inseridas pela para a edição brasileira estão assinaladas por (N.E.B.) As que não estão assinaladas são notas da edição portuguesa.

Os editores

# PRÓLOGO À EDIÇÃO BRASILEIRA

José Paulo Netto

A peça polêmica que o leitor tem em mãos, *Para a questão judaica*, é um texto redigido por Karl Marx (1818-1883) à altura dos seus 25 anos: foi escrito entre agosto e dezembro de 1843 – ou seja, faz parte do que se convencionou chamar de "a obra do *jovem Marx*"[1*] – e publicado em finais de fevereiro de 1844, no único número, aliás duplo (1-2), dos *Deutsch-Französische Jahrbücher* [*Anais Franco-Alemães*], que Marx e Arnold Ruge (1802-1880) editaram em Paris.

Trata-se, na verdade, de uma recensão ou resenha crítica de duas intervenções de Bruno Bauer (1809-1882): na primeira parte do texto, Marx cuida do material que Bauer publicou nos números 274 e 275 (17 e 19 de novembro de 1842) do periódico, editado em Leipzig por Ruge, *Deutsche Jahrbücher für Wissenschaft und Kunst* [*Anais alemães de ciência e arte*][2], depois reunidos no folheto *Die Judenfrage* [*A questão judaica*] (Braunschweig: F. Otto, 1843); na segunda parte, Marx analisa um artigo complementar de Bauer, *"Die Fähigkeit der heutigen Juden und Christen frei zu werden"* [*"A capacidade dos judeus e dos cristãos hodiernos para se tornarem livres"*], divulgado na publicação que o poeta Georg Herweg (1817-1875) animava e era editada na Suíça por Julius Fröbel (1805-1893): *Einundzwanzig Boden aus der Schweiz* [*Vinte e um cadernos da Suíça*][3].

---

* As notas do prólogo estão ao final do texto, p. 33.

Este texto marxiano, sobre o qual há farta bibliografia[4], marcou a separação teórico-ideológica entre os dois amigos, cuja vinculação datava de 1838-1839, mas não assinalou o fim da crítica filosófica e política que Marx dirigiu contra Bauer, acentuada nos dois anos seguintes, como se constata tanto em *A sagrada família* quanto em *A ideologia alemã*[5]. E, cumpre dizê-lo, essa polêmica não afetou – apesar da dureza dos seus termos – a relação cortês que o autor d'*O capital* manteve para com o seu antigo companheiro da esquerda hegeliana[6].

Este prólogo à edição brasileira de *Para a questão judaica* tem um objetivo muito limitado e preciso: oferecer ao leitor alguns subsídios que lhe permitam contextualizar a polêmica marxiana, fornecendo-lhe indicações para uma leitura mais proveitosa.

## A "miséria alemã"

Na primeira metade do século 19, a situação do país que viu nascerem Bauer e Marx foi caracterizada como sendo miserável – caracterização divulgada mediante a expressão *miséria alemã*.

Não se tratava apenas da penúria material da massa da população: tratava-se, antes, da situação sociopolítica alemã. É verdade que, na entrada do século 19, enquanto a Inglaterra tornava-se a "oficina do mundo", desenvolvendo a sua indústria moderna, e na França já se instalava a manufatura, a Alemanha continuava um país essencialmente rural, com três quartos dos seus 23 milhões de habitantes vivendo no campo, numa economia de base inteiramente agrária. Todavia, o mais importante dado da *miséria alemã* era o atraso das suas instituições sociopolíticas.

Enquanto a Inglaterra e a França liquidavam o *Ancien Régime*, praticamente só uma das unidades políticas da Alemanha, a Renânia (berço de Marx e Engels), experimentou um processo de modernização: sob a ocupação napoleônica, após o destroçamento do exército prussiano em Iena (1806), desagregou-se o velho Santo Império Romano-Germânico e constituiu-se a Confederação

Renana. Sob a direta influência francesa, a introdução do Código Civil de Napoleão (que, mais tarde, Marx caracterizaria como o "código da burguesia") e uma série de medidas (abolição do dízimo e da corveia, a supressão da servidão etc.) puseram fim ao feudalismo no ocidente da Alemanha. Nas outras regiões alemãs, especialmente na Prússia e no Sul, os impactos desse processo foram muito menores.

A derrota napoleônica e a reação instaurada a partir do Congresso de Viena (1815), que anexou a Renânia e a Westfália à Prússia, travaram os desdobramentos da modernização que fora posta em marcha. Na sequência do Congresso de Viena, a Alemanha se articulou numa confederação de 39 Estados formalmente soberanos, a Confederação Germânica, sob a clara dominação da Prússia[7].

Ora, a Prússia, sob o reinado de Frederico Guilherme III (1770-1840), iniciado em 1797 e encerrado com a sua morte, tornou-se a expressão mais acabada da reação político-social patrocinada pela Santa Aliança. Já nos anos de 1820, o monarca prussiano desenvolveu uma política destinada a reverter vigorosamente a modernização antes deflagrada, reprimindo as tendências democratizantes e liberais e combatendo os projetos que apontavam para uma Alemanha unificada sob bases constitucionais. Se, em princípio, a débil burguesia da Renânia resistiu à pressão prussiana, logo recuou em suas reivindicações – e Frederico Guilherme III chefiou um regime político que parecia impermeável às mudanças trazidas com o fim do Antigo Regime na Inglaterra e, especialmente, na França: conduziu um regime que se ergueu *contra* os processos próprios à Revolução Burguesa clássica.

Realmente, na terceira década do século 19, a Confederação Germânica não se apresentava como um Estado nacional unificado, constitucional e moderno: era um conjunto de quase quatro dezenas de Estados, com sistemas de representação política diversificados e restritivos, inexistência de laicização de fato, burocracias de raiz feudal e uma inequívoca dominação da nobreza fundiária. Nessa enorme distância *político-institucional* que separava a Alemanha da Inglaterra e da França residia o essencial da *miséria alemã*.

A dinâmica da vida econômica, entretanto, transformava as condições nas quais radicavam as velhas instituições: então, apesar de todas as travas,

> o desenvolvimento da indústria é considerável. A produção mineira aumenta mais de 50% entre 1800 e 1830 e será duplicada entre 1830 e 1842. Entre 1800 e 1830, a indústria metalúrgica multiplica a sua produção por três. Entre 1830 e 1840, a produção de bens de consumo é oito vezes superior à do decênio 1800-1810. Em números absolutos, a produção alemã continua ainda débil. Assim, a quantidade de hulha extraída representa um décimo da que é extraída na Inglaterra, mas o ritmo de desenvolvimento é extremamente rápido em relação ao da indústria francesa e podemos caracterizar essa época dizendo que é a da entrada da Alemanha na era do capitalismo industrial. (...) De 1838 em diante, devido à construção dos caminhos de ferro, registra-se um enorme desenvolvimento da indústria do ferro. (...) No terreno comercial, a partir do momento em que a venda ambulante deu lugar à distribuição de mercadorias em longa distância, assiste-se à criação de uma indústria de transportes. Em consequência, amplia-se a rede rodoviária. (...) Mas são, sobretudo, os caminhos de ferro que, por impulso da indústria privada, conhecem um rápido desenvolvimento (Bottigelli, 1971, pp. 37-38).

Um tal desenvolvimento altera profundamente a relação entre as classes sociais: reduz-se o peso dos camponeses, cresce o nascente proletariado (desprovido de quaisquer proteções sociais) e a burguesia retoma e amplia suas reivindicações. Daí decorre "um conflito entre a burguesia, de tendência liberal, que dirige as novas forças produtivas, e os segmentos reacionários, preocupados principalmente com a defesa dos interesses da nobreza fundiária" (Cornu, 1975, I, p. 27); o anacronismo das instituições sociopolíticas torna-se mais flagrante, porém a dominação da nobreza fundiária não é imediatamente afetada – vale dizer, a *miséria alemã* se acentua e não encontra resolução.

**A oposição intelectual: a esquerda hegeliana**

Com uma burguesia débil e um proletariado incipiente, ambos carentes de organização política, a oposição ao regime prussiano e o enfrentamento da *miséria alemã* foram de fato protagonizados na passagem dos anos de 1830 aos de 1840 pela intelectualidade mais jovem[8].

Herdeira da tradição filosófica e literária que partira da obra ilustrada de Kant (1724-1804), passara por Fichte (1762-1814), ganhara expressão estética no classicismo de Goethe (1749-1832)/ Schiller (1759-1805) e alcançara a sua plenitude em Hegel (1770-1831), a intelectualidade que irrompia no cenário da Alemanha nos anos de 1830-1840 era legatária de um patrimônio cultural rico, complexo e diferenciado – a *miséria alemã*, paradoxalmente, não impedira um extraordinário acúmulo filosófico e literário[9]. Essa geração intelectual tinha como antecedente imediato um movimento específico, surgido em 1832: a *Jovem Alemanha*, agrupamento de escritores – à frente dos quais se encontravam Börne (1786-1837) e Heine (1797-1856) – que rompem com as tendências reacionárias dominantes e assumem o ideário da Revolução Francesa; entretanto, a proibição dos seus livros e o exílio de seus líderes praticamente calam as suas vozes. Os poetas e ficcionistas da *Jovem Alemanha* terão como sucessores os jovens pensadores que vão constituir a *esquerda hegeliana*, eixo da oposição a que me referi linhas acima.

As concepções de Hegel dominaram a cena intelectual da Alemanha nos anos 1830-1840, até a explosão revolucionária de 1848-1849. Mas a herança de Hegel não era unívoca; décadas depois, Engels esclareceria:

> O conjunto da doutrina de Hegel dava bastante margem (...) a que nela se abrigassem as mais diversas ideias partidárias práticas. E na Alemanha

teórica daquela época duas coisas, sobretudo, revestiam-se de caráter prático: a religião e a política. Quem fizesse finca-pé no sistema de Hegel podia ser bastante conservador em qualquer desses domínios; aquele que considerasse essencial o método dialético podia figurar, tanto no plano religioso quanto no político, na oposição extrema. (...) A cisão da escola hegeliana foi tornando-se, no fim da década de 1830, cada vez mais patente (Engels, "Ludwig Feuerbach e o fim da filosofia clássica alemã", *in* Marx-Engels, 1963, p. 176).

A "cisão" que Engels refere é a que opunha os hegelianos que se apegavam ao sistema de Hegel (no qual cabia perfeitamente a ideia de um "fim da história", assinalada no plano político pela aceitação do Estado prussiano como um "Estado racional") àqueles que se agarravam ao método do mestre (para o qual o movimento, inclusive o da história, era imparável) – os primeiros constituíam a *direita hegeliana*; os segundos, a *esquerda hegeliana*.

A esquerda hegeliana forma-se na sequência dos debates provocados pela publicação, em 1835-1836, dos dois volumes da obra de David Strauss (1808-1874), a *Vida de Jesus*. O trabalho de Strauss golpeou profundamente a relação estabelecida por Hegel entre a filosofia e o cristianismo, relação que conferia formalmente ao cristianismo um valor absoluto e à filosofia um caráter transcendental. A obra desatou uma intensa polêmica, que ainda estava acesa quando, em 1838, August von Cieszkowski (1814-1894), em seus *Prolegômenos à filosofia da história*, exigiu a substituição da filosofia de Hegel, que julgava meramente especulativa, por uma filosofia da ação, da *práxis* (von Cieszkowski foi, ao que parece, o primeiro a valer-se dessa palavra). A polêmica desatada em 1836 ganhou novos elementos com essa exigência, mesmo que formulada em termos filosoficamente idealistas.

Assim é que a jovem intelectualidade que se opunha à *miséria alemã*, na segunda metade dos anos de 1830, encontra no debate filosófico (que, pela sua natureza filosófica mesma, envolvia a questão da religião – e recorde-se a ausência de laicização já mencionada) o terreno possível para o seu enfrentamento com as instituições sociopolíticas da Alemanha. Os jovens hegelianos estavam animados, inicialmente, por um espírito claramente liberal, e é este que vai marcar o aparecimento do seu primeiro órgão de divulgação de ideias, os *Hallische Jahrbücher für deutsche Wissenschaft und Kunst* [*Anais de Halle de ciência e arte alemães*] editados por A. Ruge e T. Echtermeyer a partir de 1838[10] – conhecidos como os *Anais de Halle*, clara contraposição ao órgão dos hegelianos conservadores (os *velhos hegelianos*), os *Berliner Jahrbücher für wissenschafliche Kritik* [*Anais berlinenses de crítica científica*].

A esquerda hegeliana ganhará força com um cenáculo intelectual que, no final da década de 1830, será uma espécie de ilha de independência e ousadia intelectual no "ambiente estreito e servil que então reinava em Berlim" (Cornu, *op. cit.*, I, p. 184): o *Clube dos Doutores*, em que pontificavam A. Rutenberg (1808-1869) e K. F. Köppen (1808-1863), mas cuja figura principal era, sem qualquer dúvida, Bruno Bauer. É precisamente no inverno de 1838-1839 que o jovem Marx se aproximará de Bauer: assistindo a um curso por ele ministrado na Universidade de Berlim e participando do *Clube dos Doutores*, estabeleceu com Bauer laços de amizade e colaboração[11].

## Os caminhos de Bauer

Bruno Bauer[12], nove anos mais velho que Marx, já antes de se relacionar com o futuro coautor do *Manifesto do partido comunista* era um intelectual conhecido.

Brilhante aluno de Hegel, Bauer – considerado por Rossi (1963), dentre os jovens hegelianos, aquele que melhor conhecia os textos do filósofo e o mais próximo e fiel a ele – desde 1834 era professor de Teologia em Berlim. Se, na sequência imediata da publicação da obra de Strauss, acima mencionada, tomou inicialmente uma posição contrária às teses nela defendidas, logo em seguida evoluiu (*rapidamente*, segundo a análise de Cornu, *op. cit.*, I, p. 212) para uma postura liberal tanto no plano religioso quanto no político e já em 1838 publicou a sua *Kritik der Geschichte der Offenbarung* [*Crítica da história da revelação*], que levantou uma onda de protestos da parte dos *velhos hegelianos*. Transferido em 1839 para a Universidade de Bonn, ali prosseguiu sua crítica ao cristianismo – data de 1841 a sua *Kritik der evangelischen Geschichte der Synoptiker* [*Crítica da história evangélica dos sinópticos*] e de 1842 a sua *Kritik der evangelischen Geschichte der Synoptiker und des Johannes* [*Crítica da história evangélica dos sinópticos e de João*] –, que culmina com a sua ruptura com a religião.

Essa ruptura, todavia, não levou Bauer ao materialismo. Sua crítica ao cristianismo estava fundada num racionalismo idealista que concebia a história como criação de uma "consciência universal" que avança na medida em que é impulsionada pela crítica filosófica. Nas palavras de Cornu, para Bauer,

> o desenvolvimento dialético da Consciência resulta da Crítica, que, confrontando continuamente o racional com o real, e eliminando deste último os elementos irracionais, determina uma progressão infinita da Consciência universal e, junto com ela, do Mundo.
>
> A ação atual da crítica deveria orientar-se, de acordo com Bauer, para libertar o espírito e a sua encarnação mais elevada, o Estado, do poder da religião cristã. Essa libertação, que ele se propunha empreender precisamente com a sua crítica dos Evangelhos, apontava para uma libertação espiritual, a única que para ele tinha valor real, e pensava (...) que, para realizá-la, deveria contar inicialmente com o apoio do Estado prussiano. Este, fundado na razão, não poderia deixar de defender, contra a Igreja, os direitos da crítica e da ciência (Cornu, *op. cit.*, I, pp. 218-219).

Nessa apreciação certeira está contida a limitação da obra renovadora de Bauer: de uma parte, o idealismo filosófico, de que resulta a proposição da emancipação no plano puramente espiritual, com a arma da crítica filosófica sendo o único e suficiente instrumento libertador; de outra, as ilusões dos liberais alemães (que expressavam, aqui, os limites da consciência política da débil burguesia alemã), que sonhavam com um apoio estatal na luta contra a *miséria alemã*.

Bauer deu consequência a essas ilusões: saudou, como a burguesia alemã, a chegada ao trono de Frederico Guilherme IV (1795-1861), em 1840 – tinha a expectativa, com o novo monarca, de um redirecionamento da ação do poder estatal[13]. Vã expectativa: o imperador defraudou todas as suas infundadas esperanças – embora em seus primeiros meses se desse ares românticos e liberais, logo se revelaria tão ou mais reacionário que seu pai e antecessor.

No círculo mais próximo a Frederico Guilherme IV, os jovens hegelianos eram odiados, e o próprio imperador detestava a figura de Hegel. Não casualmente, portanto, ele designou Ministro da Educação (para substituir o então recentemente falecido Karl Altenstein [1770-1840], que protegia os jovens hegelianos) o reacionário Johann Eichhorn (1779-1856), que empreendeu uma sistemática campanha anti-hegeliana, de que foi emblemática a escolha (fevereiro de 1841) do velho adversário de Hegel, Schelling (1775-1854), para a cátedra de Filosofia da Universidade de Berlim. A caça aos jovens hegelianos e aos membros do *Clube dos Doutores* não tardou: Rutenberg foi exonerado do quadro de professores da Escola Militar e a hora de Bauer chegou em dois tempos: em outubro de 1841, proibiram-se-lhe as conferências em Bonn; em março de 1842, foi excluído da docência universitária (Lápine, 1983, p. 60 e Rubel, 1991, p. 20)[14].

Entre 1840 e 1842, Bauer ampliou a crítica da religião até os limites da crítica política, transitando para posições cada vez mais radicalmente liberais (e são precisamente desse período os textos que Marx critica em *Para a questão judaica*)[15]. Mas a derrota de suas ilusões liberais acabou por amesquinhar e reduzir as suas preocupações políticas a puras e fantasiosas especulações – processo que se acelera quando, a partir de 1843, ele se aproxima dos *Livres de Berlim*, um círculo que se formara a partir da desintegração do *Clube dos Doutores* e tinha por figuras de proa seu irmão Edgar Bauer (1820-1886) e Kaspar Schmidt (1806-1856, depois conhecido sob o pseudônimo de Max Stirner) – os *Livres* encaminhavam-se abertamente para o subjetivismo e para o anarquismo. Mesmo sem se identificar completamente com os *Livres*, Bauer vai deslizar progressivamente para um criticismo abstrato, formulado num radicalismo verbal que apenas dissimulava o crescente isolamento do autor em face do movimento social real.

Entre dezembro de 1843 e outubro de 1844, juntamente com seu irmão Edgar, Bauer editará, em Charlottenburg, um mensário – *Allgemeine Literatur Zeitung* [*Gazeta Literária Geral*] – em cujas páginas se encontrarão os elementos da "Crítica crítica" que Marx e Engels desnudarão corrosivamente n'*A sagrada família* e n' *A ideologia alemã*. Mas, então, Bauer já se distanciara da perspectiva a partir da qual escrevera os textos que Marx submete à análise em *Para a questão judaica*: no número 8 da *Gazeta Literária Geral*, ele assumia – num artigo intitulado significativamente "*1842*" – uma posição de desprezo pela atividade política, opunha-se claramente àqueles que "acreditavam ter encontrado no socialismo uma nova palavra" e afastava-se inequivocamente do que chamava de "radicalismo de 1842" (Vv. Aa., 1983, p. 80).

Nos anos seguintes, Bauer experimentou uma espécie de ocaso – na sequência da revolução de 1848-1849, sua influência efetivamente desapareceu. Mesmo um analista simpático a Bauer, como é o caso de David McLellan, admite que a sua contribuição ao movimento de renovação da filosofia alemã se encerra em 1844 e reconhece abertamente que, nos seus últimos anos, ele se tornou, em política, "profundamente conservador e colaborou com Hermann Wagener, um dos mais íntimos conselheiros de Bismarck" (McLellan, 1971, pp. 64-65)[16].

## Marx: um democrata radical em trânsito para o comunismo

Se os escritos de Bauer que Marx resenha criticamente em *Para a questão judaica* são uma expressão do radicalismo liberal que seu autor assumira entre 1840 e 1842, e ao qual logo renunciará, a crítica de Marx revela o estágio de desenvolvimento de uma reflexão que ainda não está inteiramente definida.

O Marx que se aproxima de Bauer, em 1838-1839, é um jovem que acabara de redirecionar os seus interesses intelectuais: deixara o curso de Direito e dedicava-se ao de Filosofia. Ele participa do *Clube dos Doutores* e alinha-se com os jovens hegelianos numa incorporação de Hegel que nada concede à direita hegeliana. Nos dois anos seguintes, a relação com Bauer converte-se em amizade que, da parte deste, se traduz inclusive no estímulo à conclusão do curso de Filosofia, apressando a redação da dissertação que conferirá a Marx o título de D*outor em Filosofia* (que Marx obterá, em 15 de abril de 1841, na Universidade de Jena) – Bauer queria vê-lo fazendo carreira universitária e há estudiosos que sugerem influências de Bauer na dissertação (McLellan, 1971, pp. 84-88)[17].

Mas as diretrizes de Eichhorn para a universidade, que sinalizavam o caráter regressivo e restaurador da política geral de Frederico Guilerme IV, deixam claro para Marx que a vida acadêmica lhe estará vedada. É então que se decide pelo jornalismo, ingressando, em outubro de 1842, no corpo redatorial da *Rheinische Zeitung* [*Gazeta Renana*], jornal de Colônia financiado pela burguesia renana desde janeiro de 1842 – no qual Marx logrará assumir a direção editorial, enfrentando o reacionarismo e a censura prussianas e em que permanecerá até pouco antes do encerramento do jornal[18].

Na *Gazeta Renana*, Marx faz a sua primeira experiência *política*: de um lado, percebe – ainda que de forma pouco nítida – que nos conflitos políticos estão em jogo interesses econômico-sociais colidentes e que o papel arbitral e neutro do Estado é uma aparência; de outro, verifica a vacilação e a covardia da burguesia liberal, que prefere os conchavos e os acordos à luta consequente pelos seus proclamados ideais de liberalismo.

É essa experiência que o coloca diante de duas constatações. A primeira diz respeito às debilidades do liberalismo, seja o pós-revolucionário (a referência é a Revolução de 1789), seja o da burguesia de um país atrasado – na *Gazeta Renana*, Marx compreendeu os limites do liberalismo burguês. A segunda remete à sua própria formação intelectual: fica claro, para Marx, que o horizonte da filosofia hegeliana não dava conta dos problemas histórico-concretos da contemporaneidade – seria necessário *ir além* da filosofia para intervir ativamente na realidade social.

Simultaneamente, processavam-se no universo intelectual de Marx duas outras influências, ambas provenientes da esquerda hegeliana, mas que colidiam com as orientações gerais do pensamento de Bauer e de parte significativa de seus companheiros. Uma delas era a gravitação da obra de Ludwig Feuerbach (1804-1872)[19]: se, desde a sua *Contribuição à crítica da filosofia de Hegel* (1839), Feuerbach atraía a atenção de Marx, com suas reservas ao que considerava o caráter abstrato da filosofia de Hegel, é com *A essência do cristianismo*, de 1841 (Feuerbach, 1988), que ele aporta elementos fundamentais para a passagem definitiva de Marx ao materialismo – com essa obra, Feuerbach abre a Marx alternativas e problemáticas que só serão devidamente equacionadas em 1845-1846[20]. A outra era a relação pessoal com Moses Hess (1812-1875)[21], aquele que, dos jovens hegelianos, mais cedo tornou-se comunista e tanto influiu sobre o jovem Engels; Marx já conhecia Hess, mas foi no trabalho comum na *Gazeta Renana*, a que Hess esteve intimamente ligado, que estreitou relações com ele. As preocupações políticas de Hess e seu interesse pelos movimentos anticapitalistas – provavelmente mais que a sua obra[22] – seguramente influenciaram os rumos imediatos da reflexão de Marx.

Este, encerrada a experiência da *Gazeta Renana*, decide-se por deixar a Alemanha: tem, em associação com Ruge, o projeto de editar, na França, um periódico que vincule a reflexão filosófica alemã ao pensamento social francês – exatamente os *Deutsch-Französische Jahrbücher* [*Anais Franco-Alemães*] mencionados na abertura deste prólogo[23]. Mas é só em outubro de 1843 que Marx sairá da Alemanha para fixar-se em Paris – casando-se em junho, passa cerca de três meses em Kreuznach, num momento decisivo de sua evolução intelectual.

Nesses meses, o jovem Marx repensa sua experiência na *Gazeta Renana*, dedica-se ao estudo da teoria política (Maquiavel, Rousseau, Montesquieu) e da Revolução Francesa e dá a partida à sua crítica da filosofia de Hegel, centrando o fogo na teoria hegeliana do Estado – e desses estudos resulta o *Manuscrito de Kreuznach*, que marca o início de uma inflexão essencial na sua reflexão[24]. Trata-se da inflexão que, tomando corpo num texto que redigirá em dezembro de 1843 – "Contribuição à crítica da filosofia do Direito de Hegel. Introdução", também publicado nos *Anais Franco-Alemães*[25] –, vai culminar no ano seguinte, quando, em Paris, sob o impacto da leitura de um texto do jovem Engels (que o conduzirá à crítica da Economia Política)[26] e do seu contato com grupos e associações operárias, Marx se assumirá expressamente como um comunista.

É nesse momento crucial de definição teórico-filosófica e política (exatamente: no processo de elaboração que vai do *Manuscrito de Kreuznach* à "Contribuição...") que Marx elabora *Para a questão judaica*: nessas páginas, fica evidente a sua recusa radical do liberalismo (e só isso já era mais que suficiente para afastá-lo da posição de Bauer), mas ainda não está afirmada a sua opção pela revolução proletária. Para dizê-lo de modo mais preciso: o ritmo de seu desenvolvimento teórico-filosófico e político está em precipitação e Marx coloca-se numa vertente democrática radical (verificável no *Manuscrito de Kreuznach*) em trânsito para uma perspectiva revolucionária (nitidamente esboçada na "Contribuição..."). Afirmada essa última, as afinidades com Bauer serão definitivamente superadas – como o atestam as críticas posteriores de Marx, de 1844-1845 e 1845-1846 (cf., *supra*, a nota 5) – e não restará mais nenhum vínculo intelectual entre ambos.

Entretanto, como o leitor certamente observará, em *Para a questão judaica*, esta completa ruptura, compreensivelmente, ainda não se efetivou: Marx discorda de Bauer, aponta os limites das suas análise e proposta, critica nos seus fundamentos a sua posição – mas o faz com respeito e assinala os seus méritos. Assim, no segundo semestre de 1843, os amigos de antes não se relacionam como adversários: a polêmica que então se trava não os mostra em campos opostos, mas os situa como interlocutores que, em face de uma questão determinada, discrepam substantivamente.

**Bauer e Marx: duas abordagens à "questão judaica"**

A questão determinada era, precisamente, a "questão judaica". Ela dizia respeito a um problema que estava medularmente vinculado à *miséria alemã*: a condição cívico-política dos judeus na Alemanha.

Sob a ocupação francesa, os judeus experimentaram na Renânia a igualdade civil. Mas, subsequentemente, o processo restaurador patrocinado pela Santa Aliança restabelece para a Confederação Germânica o conceito de Estado cristão – e, pelo édito de 4 de maio de 1816, aos judeus fica vedado o exercício de funções públicas em toda a Confederação. Nas três décadas seguintes, os judeus se batem contra as restrições e constrangimentos decorrentes do édito e, na abertura dos anos de 1840, a questão dos seus direitos cívico-políticos entra na ordem do dia: converte-se numa reivindicação política sustentada pelos liberais[27]. E é como ponto da agenda liberal que é assumida por Bauer: os textos que publica em 1842 e 1843 – objetos da crítica de Marx em *Para a questão judaica* – tornam-se referência para um debate que envolve vários protagonistas[28].

Vejamos, rapidamente, a argumentação de Bauer[29]. Ele começa por observar que num Estado cristão, como a Prússia, a emancipação não é viável: é o caráter religioso (não-laico ou não-ateu) do Estado que impede a emancipação e, pois, a existência de verdadeiros cidadãos; numa palavra, num Estado cristão ninguém está emancipado. Em seguida, argumenta ser impertinente que os judeus, conservando-se como judeus (isto é: conservando as *suas* convicções religiosas), reivindiquem do Estado cristão o que eles mesmos não fazem – ou seja, que o Estado deixe de exigir uma filiação religiosa para o exercício de direitos. Para Bauer, a reivindicação dos judeus de que o Estado abra mão da sua exigência e condição religiosa só teria legitimidade e sentido se os judeus, previamente, abrissem mão da sua própria exigência e condição religiosa. Ademais, na medida em que se conservam como judeus, os judeus se *excluem* da comunidade humana: autoisolam-se na escala em que se consideram e se identificam como um *povo eleito*, *privilegiado*.

É evidente que, com essa abordagem – que, no fim das contas, serve apenas para, política e religiosamente, estabelecer uma *oposição* entre judeus e cristãos –, Bauer desqualifica a luta dos judeus em prol da sua emancipação e, querendo-o ou não, leva água ao moinho da posição do Estado prussiano. Entretanto, ele avança ainda mais na desqualificação dos judeus quando discute as suas possibilidades próprias de emancipação. Fiel à inspiração hegeliana, Bauer considera o cristianismo uma religião de *caráter universal*, à que se contrapõe nitidamente o *caráter particular* do judaísmo, colado à lei mosaica; o universalismo cristão seria potencialmente muito mais apto que o judaísmo para acessar a emancipação. Em resumidas contas: em função do seu particularismo religioso, o judeu está menos habilitado à emancipação que o cristão.

A solução proposta por Bauer, porém, não implica que o judeu se converta ao cristianismo para demandar do Estado cristão a igualdade cívico-política (mais exatamente, a emancipação política). Implica, antes, que ambos – cristãos e judeus – renunciem à sua religião em favor de um racionalismo ilustrado e idealista[30].

O tratamento que Bauer dá à "questão judaica", sem prejuízo de sua significação política, é, pois, um tratamento religioso – ele a considera, antes de mais nada, uma questão *religiosa*: com efeito, para Bauer, *a emancipação religiosa condiciona a emancipação política*. E é precisamente aí que incide a crítica de Marx: *a abordagem marxiana desloca a problemática do campo religioso para o campo imediatamente político.*

Marx começa por assinalar a necessidade de qualificar, determinar, a *emancipação* que está em jogo. Ele sustenta que a *emancipação política*, ao contrário do que afirma Bauer, não está diretamente condicionada à emancipação religiosa (e o demonstra, recorrendo ao exemplo da história em curso, com as referências à França e aos Estados Unidos da América); mais: a emancipação política, legitimada por um Estado laico – isto é, um Estado que não professa qualquer religião, um Estado que não reconhece como oficial nenhuma religião –, não significa a emancipação dos homens em relação à religião.

Deslocando a problemática do campo religioso para o político, Marx foca a instituição Estado e sua análise se desenvolve na verificação do desdobramento fático da ordem social moderna (burguesa): o *Estado*, como expressão alienada dos interesses gerais (expressão da *vida genérica* dos homens), e a *sociedade civil*, espaço real dos particularismos (reino da vida *empírica* e *privada*). É nesse desdobramento que ele indicará a compatibilidade (mais: a necessária complementaridade) entre Estado (mesmo o laico) e religião (mesmo não oficial); atente-se para a argumentação de Marx:

> O Estado político comporta-se precisamente para com a sociedade civil de um modo tão espiritualista como o Céu para com a Terra. Está na mesma oposição a ela, triunfa dela do mesmo modo que a religião [triunfa] do constrangimento do mundo profano – i. e., na medida em que ele igualmente tem de reconhecê-la, estabelecê-la de novo, [tem igualmente] que se deixar ele próprio dominar por ela. O homem, na sua realidade mais próxima, na sociedade civil, é um ser profano. Aqui onde ele se [faz] valer a si próprio e aos outros como indivíduo real – é um fenômeno não-verdadeiro. No Estado, ao contrário – onde o homem vale como ser genérico –, ele é o membro imaginário de uma soberania imaginária, é roubado da sua vida individual real e repleto de uma universalidade irreal (cf., adiante, a p. 51).

Por isso mesmo,

> Os membros do Estado político são religiosos pelo dualismo entre a [vida] individual e a vida genérica, entre a vida da sociedade civil e a vida política;

> [são] religiosos, na medida em que a religião é aqui o espírito da sociedade civil, a expressão da separação e do afastamento do homem relativamente ao homem (cf., adiante, a p. 58).

O desdobramento antes referido implicará na formulação distinta dos *direitos do homem* e dos *direitos do cidadão* – faticamente, está aí a configuração das *personae* do *burguês*, o homem empiricamente existente, e do *homem*, o cidadão abstrato. E é precisamente nisso que consiste a emancipação política:

> Toda a emancipação política é a redução do homem, por um lado, a membro da sociedade civil, a indivíduo egoísta independente; por outro lado, a cidadão, a pessoa moral (cf., adiante, a p.71).

A emancipação política – que Marx considera, sem qualquer dúvida, um avanço, um progresso, uma conquista da Revolução (burguesa) que destruiu o Antigo Regime – não é, pois, a emancipação *humana*. Esta desborda em muito o âmbito da emancipação política:

> Só quando o homem individual retoma em si o cidadão abstrato e, como homem individual – na sua vida empírica, no seu trabalho individual, nas suas relações individuais –, se tornou ser genérico; só quando o homem reconheceu e organizou as suas *forces propres* como forças sociais e, portanto, não separa mais de si a força social na figura da força política – [é] só então [que] está consumada a emancipação humana (cf., adiante, a pp. 71-72).

A emancipação humana, transcendendo largamente a emancipação política, constituirá o programa do *comunismo* – ordem societária que inaugura a verdadeira *história humana* ou, se se quiser, marca o fim da *pré-história humana*. O Marx de 1843 ainda não chegou a essa formulação, nem desenvolveu ainda os substratos teóricos com que deverá fundamentá-la. Porém, no movimento em que deslocou a problemática da "questão judaica" do campo religioso para o campo político, está contido o embasamento materialista histórico de que dependerão aqueles substratos teóricos: ao contrário de Bauer, ele, metodologicamente, não pensa o judeu a partir de sua particularidade religiosa – pensa a realização da sua particularidade religiosa a partir das condições próprias da vida empírica dos indivíduos na sociedade civil. Ao situar a "questão judaica" no marco da "relação do Estado político com os seus pressupostos (sejam eles elementos materiais, como a propriedade privada etc. ou [elementos] espirituais, como cultura, religião)", isto é, à base da efetiva "cisão entre o *Estado político* e a *sociedade civil*" (cf., adiante, a p. 52), Marx põe a análise do judaísmo no terreno histórico-concreto: não se trata mais de explicá-lo "a partir da sua religião, mas, antes, a partir do fundamento humano da sua religião" (cf., adiante, a p. 81).

E esse fundamento radica na sociedade civil, reino do tráfico universal, da mercantilização universal, da comercialização universal, da *alienação* universal – até da "própria relação genérica, a relação do homem com a mulher" –, em que o domínio pertence ao *dinheiro*. Porém o poder do dinheiro, o "zeloso deus de Israel", a sociedade civil retirou-o dos limites do judaísmo: de fato, "o deus dos judeus mundanizou-se, tornou-se deus mundial" (cf., adiante, a p. 74) – seu império é a sociedade civil. Este é o solo histórico que explica o judaísmo *tornado prática de judeus e não-judeus*.

Por isso, a resposta de Marx aos judeus não é a de Bauer:

> Não dizemos, portanto, com Bauer, aos judeus: vós não podeis ser politicamente emancipados, sem vos emancipardes radicalmente do judaísmo. Nós dizemos-lhe antes: porque vós podeis ser politicamente emancipados sem vos verdes completamente livres e sem contradição do judaísmo, por isso [é que] a emancipação política não é propriamente a emancipação humana. Se vós, judeus, quereis ser politicamente emancipados sem vos emancipardes vós próprios humanamente, as meias-tintas e a contradição não residem apenas em vós, elas residem na essência e na categoria da emancipação política. Se vós estais presos nessa categoria, vós partilhais um constrangimento geral (cf., adiante, a pp. 59-60).

Marx não hipoteca a conquista da emancipação política dos judeus à renúncia deles à sua religião e à sua cultura: afirma que podem se emancipar politicamente sem abdicar delas; mas a emancipação política (na medida em que não é a emancipação humana) não os tornará humanamente livres – eles continuarão submetidos a um constrangimento que não é só deles, é o *constrangimento geral* que pesa sobre todos os membros da sociedade civil e de seu Estado.

*Para a questão judaica* está no coração mesmo do trânsito de Marx da democracia radical ao comunismo, que assinalei páginas atrás. Nesse texto primoroso, o que se registra é um pensamento que ultrapassa o espaço da crítica religiosa e atravessa o âmbito da crítica política no rumo da crítica da Economia Política.

## Para finalizar: a arte da tesoura e o pretenso "antissemitismo" de Marx

É conhecida a "arte da tesoura": trata-se da operação que consiste em tomar frases ou passagens de um escrito, desligá-las de seu contexto histórico e cultural, retirá-las da sua estrutura textual e atribuir-lhes um sentido diverso daquele que possuem no conjunto da obra do autor que é vítima desse procedimento. Tal operação, todavia, nem sempre se produz por pura má fé – por vezes, deriva mesmo de ignorância ou ingenuidade.

Marx (e claro que não só ele) tem sido um objeto privilegiado da "arte da tesoura" – e, no que diz respeito a *Para a questão judaica*, o resultado do procedimento foi a criação do mito de um Marx "antissemita", muito divulgado por intelectuais reacionários, à base da utilização de frases tomadas isoladamente das últimas páginas do texto (mas também retiradas de outros documentos). Favoreceu essa operação mistificadora o fato de que, no pensamento socialista do século 19, figuras de proa – aliás não-marxistas – tenham expressado, de fato, posições antissemitas (por exemplo, Blanqui [1805-1881], Proudhon [1809-1865], Bakunin [1814-1876]); por outro lado, como notou uma observadora sagaz, a própria interação posterior entre marxismo e judaísmo foi a "história de uma relação difícil" (Clemescha, 1998).

A falsa imagem de um Marx "antissemita", porém, não fez carreira apenas entre reacionários. Independentemente da "arte da tesoura", qualificados pensadores de posições distintas, como Maximilien Rubel (1905-1996), Raymond Aron (1905-1983) e Norberto Bobbio (1909-2004), incorporaram-na de uma forma ou outra, e mesmo analistas formados no leito da tradição marxista acabaram por fazer concessões a ela[31]. E, a partir dos anos de 1970 – quando tomou corpo um novo pensamento de direita e se criaram as bases para a cruzada antimarxista que ganhou força com a crise do chamado *socialismo real* –, desenvolveram-se renovados esforços para cristalizar a imagem "antissemita" de Marx[32]; Daniel Bensaïd, num brilhante e contundente ensaio anexado a Marx (2006), demonstra o caráter infundado e mistificador desses (e de outros) esforços.

Feitas essas pontuações, o que importa, nos limites deste prólogo, é reafirmar que as razões que levaram Marx a redigir *Para a questão judaica* foram de ordem teórica e política (tal como espero haver sugerido nas páginas precedentes), nada tendo a ver com motivações biográficas[33].

O mais decisivo, porém, é verificar que não só o texto "foi escrito, na verdade, como uma defesa dos judeus" (Wheen, 2001, p. 59), mas também, sobretudo, verificar a posição solidária de Marx em face de suas reivindicações:

> Ao contrário de Bauer, que só reconhecia direitos políticos e cívicos aos judeus sob a condição da sua conversão ao cristianismo, Marx apoia incondicionalmente a sua emancipação política, sem exigir que renunciem à sua religião" (Bensaïd, *in* Marx, 2006, p. 89).

Ora, aqueles que pretendem ver "antissemitismo" em *Para a questão judaica* ignoram e/ou ocultam essas determinações essenciais e se prendem à consideração isolada e descontextualizada da qualificação do judaísmo como o culto do dinheiro (o "seu deus mundano"), com a sua identificação com o "tráfico" (o comércio) e com o seu fundamento profano, o "interesse próprio".

Aquilo que deixam na sombra, intencionalmente ou não, os que inquinam Marx de "antissemitismo" é que ele, em *Para a questão judaica*, está subsumindo, sob a caracterização do "judaísmo", o *ethos* próprio da sociedade capitalista – ou, se se quiser, para usar uma expressão que não lhe pertence, mas a Weber, está designando, com "judaísmo", o *espírito do capitalismo*.

Por isso mesmo, aqueles "intérpretes" deixam de mencionar que Marx não atribui aquelas características apenas ao "judeu", mas a *todos* os que assumem o "judaísmo" (ou seja: o espírito do capitalismo) – os cristãos aí se equalizam aos judeus, porque "o judaísmo é a comum aplicação útil do cristianismo" (cf., adiante, a p. 80): no judaísmo, "o judeu é (...) o cristão prático, e o cristão prático tornou-se (...) judeu" (cf., adiante, a p. 80); de fato, Marx constata como, "na sua prática completa, o egoísmo de bem-aventurança cristão converte-se necessariamente no egoísmo corpóreo do judeu" (cf., adiante, a p. 81).

O "judaísmo", para Marx, não é um traço racial, étnico e, menos ainda, exclusivo de um grupo qualquer: é produzido em condições históricas na vida real – a sua "essência *empírica*" radica na mercantilização geral de tudo e de todos, no "tráfico e [n]os seus pressupostos", vale dizer: na "sociedade civil" (cf., adiante, a p. 81), naquela sociedade que, posteriormente, Marx revelará como assentada no modo de produção capitalista.

O Marx que redige *Para a questão judaica* não se propõe a uma análise rigorosa do modo de produção capitalista, para a qual, aliás, ainda não é competente – ainda não dispõe dos elementos, a serem adquiridos no curso de longa e árdua pesquisa (que, a partir de 1844, será a razão de sua vida), que lhe permitirão compreender o movimento do capital e suas incidências societárias. *Para a questão judaica* insere-se no processo do seu trânsito de uma posição democrata radical ao comunismo; mas, já aí, Marx percepciona o fetichismo dessa mercadoria especial que é o dinheiro.

O fetichismo do dinheiro (que logo em seguida será amplamente tematizado nos *Manuscritos de 1844*) aparece-lhe então, em 1843 – designado a partir da cultura do tempo como "judaísmo"[34] –, como a expressão do *espírito do capitalismo* que anima igualmente judeus e cristãos, e que ele, na sua apaixonada defesa e exigência da emancipação humana, já compreende como incompatível com qualquer requisição humanista.

Marx, contudo, haveria de pesquisar anos e anos para chegar às raízes – aos fundamentos – do *espírito do capitalismo* e para dele nos oferecer uma teoria totalizante, histórica e sistemática.

Recreio dos Bandeirantes, 7 de novembro de 2008

## Referências bibliográficas


Aron, Jacques. *Karl Marx, antisémite et criminel?* Bruxelles: Didier Devillez, 2005.

Arvon, Henri. *A filosofia alemã*. Lisboa: Dom Quixote, 1972.

Balibar, Étienne e Raulet, Gerard (orgs.). *Marx démocrate. Le Manuscrit de 1843*. Paris: PUF, 2001.

Bauer, Bruno. *La cuestión judía*. Buenos Aires: Heráclito, 1974.

Bauer, Bruno e Marx, Karl. *La questione ebraïca*. Roma: Manifestolibri, 2004.

Bottigelli, Émile. *A gênese do socialismo científico*. Lisboa: Estampa, 1971.

Bravo, Gian Maria. *Anales Franco-Alemanes*. Barcelona: Martinez Roca, 1973.

Buey, Francisco Fernández. *Marx (sem ismos)*. Rio de Janeiro: Editora UFRJ, 2004.

Clemesha, Arlene. *Marxismo e judaísmo. História de uma relação difícil*. S. Paulo: Boitempo/Xamã, 1998.

Cornu, Auguste. *Carlos Marx. Federico Engels. I. Los años de infancia y juventud. La izquierda hegeliana. 1818-20/1844*. La Habana: Ciencias Sociales, 1975.

__________. *Carlos Marx. Federico Engels. II. Del liberalismo democrático al comunismo*. La Habana: Ciencias Sociales, 1976.

Díaz, Gabriel Guijarro. *La concepción del hombre en Marx*. Salamanca: Sígueme, 1975.

Fetscher, Iring. *Karl Marx e os marxismos*. Rio de Janeiro: Paz e Terra, 1970.

Feuerbach, Ludwig. *A essência do cristianismo*. Campinas: Papirus, 1988.

Foster, John Bellamy. *A ecologia de Marx. Materialismo e natureza*. Rio de Janeiro: Civilização Brasileira, 2005.

Frederico, Celso. *O jovem Marx (1843-1844: as origens da ontologia do ser social)*. S. Paulo: Cortez, 1995.

Giannotti, José Arthur. *Origens da dialética do trabalho*. S. Paulo: Difel, 1966.

Heller, Agnes. *Crítica de la ilustración*. Barcelona: Península, 1984.

Hobsbawm, Eric J. (org.). *História do marxismo. VIII. O marxismo na época da Terceira Internacional: o novo capitalismo, o imperialismo, o Terceiro Mundo*. Rio de Janeiro: Paz e Terra, 1989.

Kolakowski, Leszek. *Las principales corrientes del marxismo. I. Los fundadores*. Madrid: Alianza, 1985.

Lápine, Nicolai. *O jovem Marx*. Lisboa: Caminho, 1983.

Löwy, Michael. *A teoria da revolução no jovem Marx*. Petrópolis: Vozes, 2002.

Lukács, György. *El asalto a la razón. La trayectoria del irracionalismo desde Schelling hasta Hitler*. Barcelona-México: Grijalbo, 1968.

__________. *Nueva historia de la literatura alemana*. Buenos Aires: La Pléyade, 1971.

__________. *Táctica y ética. Escritos tempranos (1919-1929)*. Buenos Aires: El Cielo por Asalto, 2005.

__________. *O jovem Marx e outros escritos de filosofia*. Rio de Janeiro: Editora UFRJ, 2007.

Marx, Karl. *Manuscrits de 1844. Économie politique et philosophie*. Paris: Éd. Sociales, 1969.

__________. *Critique de la philosophie du droit de Hegel*. Paris: Aubier-Montaigne, 1971.

__________. *Para a questão judaica*. Lisboa, Avante!, 1997.

__________. *Oeuvres. III. Philosophie*. Paris: Gallimard, 1982.

__________. *Crítica da filosofia do direito de Hegel*. S. Paulo: Boitempo, 2005.

__________. *Sur la question juive*. Paris: La Fabrique, 2006.

Marx, Karl-Engels, Friedrich. *Werke*. Berlin: Dietz Verlag, Band 19, 1962.

__________. *Obras escolhidas em três volumes*. Rio de Janeiro: Vitória, vol. 3, 1963.

__________. *A sagrada família ou A crítica da crítica crítica.* S. Paulo: Boitempo. 2003.

__________. *A ideologia alemã*. S. Paulo: Boitempo, 2007.

McLellan, David. *Marx before marxism*. New York: Harper & Row, 1970.

__________. *Marx y los jóvenes hegelianos*. Barcelona: Martinez Roca, 1971.

__________. *De Hegel a Marx*. Barcelona: A. Redondo, 1972.

Mayer, Gustav. *Friedrich Engels. Biografia*. México/Madrid/Buenos Aires: Fondo de Cultura Económica, 1979.

Mehring, Franz. *Carlos Marx. Historia de su vida*. México: Grijalbo, 1960.

Mercier-Josa, Solange. *Pour lire Hegel et Marx*. Paris: Ed. Sociales, 1980.

__________. *Entre Hegel et Marx. Points cruciaux de la philosophie hégélienne du droit*. Paris: L'Harmattan, 1999.

Mészáros, István. *A teoria da alienação em Marx*. S. Paulo: Boitempo, 2006.

Misrahi, Robert. *Marx et la question juive*. Paris: Gallimard, 1972.

Netto, José Paulo. "A propósito da *Crítica* de 1843". *Escrita/Ensaio*. S. Paulo: Escrita, 11/12, 1983.

Netto, José Paulo (org.). *Engels*. S. Paulo: Ática, col. Grandes cientistas sociais, série Política, vol. 17, 1981.

Pra, Mario Dal. *La dialettica in Marx*. Bari: Laterza, 1965.

Rambaldi, Enrico. *Le origini della sinistra hegeliana*. Firenze: La Nuova Italia, 1966.

Rossi, Mario. *La génesi del materialismo histórico. Libro primo: La crise del primo hegelianismo (1816-1844)*. Roma: Riuniti: 1963.

Rubel, Maximilien. *Karl Marx. Ensayo de biografía intelectual*. Buenos Aires: Paidós, 1970.

__________. *Crônica de Marx. Vida e obra*. S. Paulo: Ensaio, 1991.

Schimidt, Alfred. *Feuerbach o la sensualidad emancipada*. Madrid: Taurus, 1975.

Spinella, M. (org.). *Marx vivo. II. Sociologia e economia*. Milano: Mondadori, 1977.

Vv.Aa. *Karl Marx. Biografia*. Lisboa/Moscou: Avante!/Progresso, 1983.

Vranicki, Pedrag. *Storia del marxismo. I. Da Marx a Lenin*. Roma: Riuniti, 1973.

Wheen, Francis. *Karl Marx*. Rio de Janeiro: Record, 2001.

Zanardo, Aldo. "Bruno Bauer. Hegeliano e giovane hegeliano". *Rivista crítica di storia della filosofia*. Milano: Franco Angeli, 22, 1966.

## Notas

1 A "obra do *jovem Marx*" compreende, ainda, o seu trabalho de conclusão do curso de filosofia (*Diferença entre as filosofias da natureza em Demócrito e Epicuro,* 1841), os textos divulgados na *Gazeta Renana* (1842-1843), o *Manuscrito de Kreuznach* (também conhecido como *Crítica da filosofia do direito de Hegel,* 1843, publicado postumamente), a *Crítica da filosofia do direito de Hegel. Introdução* (publicada, em 1844, no mesmo periódico em que saiu *Para a questão judaica*), os famosos *Manuscritos econômico-filosóficos de Paris* (ou *Manuscritos de 1844*, publicados postumamente) e, para alguns autores, também as duas primeiras colaborações com Engels (*A sagrada família ou A crítica da crítica crítica*, publicada em 1845, e *A ideologia alemã*, redigida entre 1845 e 1846 e publicada postumamente).

Durante algum tempo, foi lugar-comum opor o "jovem Marx" ao "Marx da maturidade". Estudiosos da obra marxiana, porém, rechaçam este "corte" (tornado célebre pelo marxista francês Louis Althusser), mostrando que, na arquitetura teórica de Marx, erguida ao longo de quatro décadas de trabalho intelectual, a existência de giros e inflexões não elude um fio condutor que lhe dá uma unidade essencial – cf., sobre esta unidade, entre muitos, Fetscher (1970), Mészáros (2006) e Lukács (2007) e, sobre o conjunto da "obra juvenil", o mesmo texto de Lukács (2007) e o ensaio de G. Markus, "Le opere giovanili di Marx e le scienze sociali contemporanee", *in* Spinella, org. (1977).

2 Cf., *infra*, a nota 10.

3 Sobre o título desta publicação, cf., *infra*, a nota 43 aposta ao texto de Marx.

4 Ao leitor interessado, remeto apenas a alguns títulos, nos quais, todavia, há fartas indicações de outras fontes documentais: Mehring (1960), Rubel (1970 e introdução a Marx, 1982), Vranicki (1973), Díaz (1975), Cornu (1976, II), Lápine (1983), Kolakowski (1985), Frederico (1995), Barata-Moura, introdução a Marx (1997), Löwy (2002), Tomba, introdução a Bauer/Marx (2004), Buey (2004), Bensaïd, introdução, comentários e texto posfaciado a Marx (2006) e Lukács (2007).

5 Cf. Marx-Engels (2003, cap. VI; e 2007, pp. 25-27, 99-117 e 525-532).

6 Em meados dos anos de 1850, exilado em Londres, Marx encontrou-se várias vezes com Bauer, que se estabeleceu ali por algum tempo (cf. Rubel, 1991, p. 62). Por sua vez, Engels conservou de Bauer uma imagem respeitosa, como se constata no artigo-necrológio que publicou no *Der Sozialdemokrat* (Zurique) de 4-11 de maio de 1882, de que reproduzo as primeiras linhas: "Em Berlim, em 13 de abril, morreu um homem [Bruno Bauer] que atuou como filósofo e teólogo, mas, durante anos, dificilmente se ouvia falar dele, somente atraindo a atenção pública eventualmente como um 'literato excêntrico'. Teólogos oficiais, inclusive Renan, corresponderam-se com ele e, mesmo assim, mantiveram sobre ele um silêncio de morte. E valia mais do que todos eles e fez mais que todos em uma questão que também interessa a nós, socialistas: a pergunta pela origem histórica de Cristianismo" (Engels, *in* Marx-Engels, 1962, p. 297).

7 Esse quadro da situação alemã é bem relatado por Cornu (1975, I) e dele Bottigelli (1971) apresenta uma didática síntese. Uma análise magistral da "miséria alemã" encontra-se em Lukács (1968).

8 É fato que, nos anos de 1820-1830, trabalhadores urbanos e rurais sublevaram-se e confrontaram-se com as iníquas condições próprias da *miséria alemã* (Solingen, 1823, Krefeld, 1828, Ruhrort, 1830, a intentona camponesa de Hesse, animada por Büchner, 1834-1835); entretanto, somente em meados dos anos de 1840 as camadas trabalhadoras ingressariam na cena política (por exemplo, com a revolta dos tecelões da Silésia, em 1844), culminando esse ingresso na revolução de 1848-1849.

9 Um dos maiores pensadores marxistas observa: "No plano da realidade histórica, a Alemanha [do fim do século 18 e dos inícios do século 19] é contemporânea da Revolução Francesa. No entanto, o nível de desenvolvimento econômico-social e o grau de consciência das suas massas não permitiram que o fogo da revolução avivasse as chamas da libertação e convertesse a Alemanha num povo e numa nação. Somente a vanguarda da inteligência, os líderes da literatura e da filosofia alemãs eram, em

sentido profundo, contemporâneos da grande revolução" (Lukács, 1971, p. 39). Essa passagem retoma a linha de reflexão de Marx, que, num escrito contemporâneo a *Para a questão judaica*, anotava: "Assim como os povos antigos viveram a sua pré-história na imaginação, na *mitologia*, nós, os alemães, vivemos nossa pós-história no pensamento, na *filosofia*. Somos contemporâneos do presente na *filosofia*, sem sê-los na *história*. [...] Na política, os alemães *pensaram* o que os outros povos *fizeram* – a Alemanha era a sua *consciência teórica*" (Marx, 1971, pp. 71, 77-79).

10 Não confundir essa publicação com os *Anais alemães de ciência e arte*, periódico citado anteriormente e também editado por Ruge entre 1841 e 1843. O periódico *Anais de Halle* circulou entre 1838 e 1841 e foi encerrado quando Ruge negou-se a submetê-lo à censura prévia.

11 Em 1841, publicou-se (anonimamente) um panfleto ateu, dirigido contra os hegelianos de direita, sob o título *A trombeta do juízo final contra Hegel* – de fato, o texto era de Bauer, com alguma contribuição de Marx (cf. Vv. Aa., 1983, p. 33 e Rubel, 1991, p. 20). Também em 1841, em julho, Marx reuniu-se com Bauer em Bonn, traçando planos para a publicação de uma revista (Cornu, 1975, I, p. 367).

12 Sobre Bauer, cf., entre outros, Rossi (1963), Zanardo (1966), Rambaldi (1966), McLellan (1971), Cornu (1975, I) e Rubel, introdução a Marx (1982, pp. LXXI e ss.).

13 Ainda num texto publicado de 1842, saudava a ascensão de Frederico Guilherme IV em "termos ditirâmbicos" (Cornu).

14 McLellan (1971, p. 89) informa que, em dezembro de 1842, Marx escreveu um pequeno artigo protestando contra a destituição de Bauer da universidade. A informação é corroborada por Lápine (1983, p. 64).

15 Em Bauer, tal extensão da crítica é intencional, consciente: o filósofo quer tensionar ao limite seu confronto com a orientação governamental – como o prova seu artigo, publicado nos *Anais de Halle* de junho de 1841, *Der christliche Staat und unsure Zeit* ["O Estado cristão e o nosso tempo"].

16 A evolução de Bauer, na sequência de sua exclusão da universidade, é assim resumida por um professor de Nanterre: "Refugiando-se cada

vez mais em si próprio, Bruno Bauer julgou encontrar a salvação no exercício constante de uma 'crítica' que visasse exclusivamente a purificação progressiva da 'consciência de si'. (...) Hostil a todos os movimentos políticos e sociais que se esforçam por responder aos apelos do momento, acantona-se na eterna função do 'espírito', que consiste, segundo ele, em combater os impulsos cegos da 'massa' e, se possível, em superá-los" (Arvon, 1972, p. 110).

17 Uma primorosa, ainda que breve, análise da dissertação de Marx é oferecida por Lukács (2007, pp. 123-131); cf. também, entre outros, para interpretações diferenciadas, McLellan (1970, p. 52-68), Cornu (1976, II, p. 261-283), Lápine (1983, p. 49-57) e Foster (2005, p. 78-96).

18 Marx demite-se em 13 de março de 1843, e o jornal deixa de circular em 31 do mesmo mês. A experiência de Marx na *Gazeta Renana* é muito bem tratada por Cornu (1976, II, cap. I).

19 Sobre Feuerbach, e também sobre essa influência, cf. Engels ("Ludwig Feuerbach e o fim da filosofia clássica alemã", *in* Marx-Engels, 1963), Giannotti (1966), McLellan (1971 e 1972), Heller (1984), Frederico (1995), Schimidt (1975) e Rubel, introdução a Marx (1982, p. XLVIII-LIV).

20 O impacto dessa obra de Feuerbach pode ser apreciado nas palavras do velho Engels: "Só tendo vivido [...] a força libertadora desse livro é que se pode imaginá-la. O entusiasmo foi geral – e momentaneamente todos nós nos transformamos em 'feuerbachianos'" (Engels, *in* Marx-Engels, 1963, p. 177). O equacionamento a que me referi se operará nas *Teses sobre Feuerbach* e n'*A ideologia alemã* (cf. Marx-Engels, 2007).

21 Sobre Hess, consulte-se Mayer (1979, pp. 108-116), McLellan (1971), Rubel, introdução a Marx (1982, pp. LIV-LX) e, especialmente, o ensaio "Moses Hess y los problemas de la dialéctica idealista", de Lukács (inserido em Lukács, 2005). Sobre Hess e Feuerbach, consulte-se, ainda, a breve síntese fornecida por Kolakowski (1985, pp. 113-124).

22 Vários estudiosos, entre os quais McLellan (1971, pp. 173 e ss.) e Frederico (1995, pp. 100-101), insistem numa influência direta de Hess sobre o Marx de *Para a questão judaica*; uma análise alternativa encontra-se em Barata-Moura, introdução a Marx (1997).

23 Sobre os *Anais Franco-Alemães*, cf., além de Cornu (*op. cit.*, II, cap. III), Bottigelli (1971, pp. 97 e ss.) e sua apresentação a Marx (1969, esp. pp. XXVIII-XXXIII), Bravo (1973) e Lápine (1983, pp. 194-202).

24 Sobre o *manuscrito de Kreuznach*, cf., entre outros, Pra (1965), Netto (1983), Mercier-Josa (1980, 1999) e Balibar e Raulet, orgs. (2001).

25 Este texto (bem como o *manuscrito de Kreuznach*) está disponível em Marx (2005).

26 O referido texto de Engels ("Esboço de uma crítica da economia política", também publicado nos *Anais Franco-Alemães*) encontra-se disponível em Netto, org. (1981).

27 A própria *Gazeta Renana* publicou matérias referentes aos direitos dos judeus em pelo menos 15 de seus números, ao longo de 1842.

28 Para que se tenha uma ideia da repercussão dos escritos de Bauer, observe-se que, um ano depois de sua publicação, provocam as seguintes intervenções: *A questão judaica contra Bruno Bauer*, de Gabriel Riesser; *Cartas para esclarecer a* questão judaica *de Bruno Bauer*, de Samuel Hirsch; *Esclarecimentos sobre a* questão judaica *de Bruno Bauer*, de Gustav Philipson; e, em 1844, *Bruno Bauer e os judeus*, de Abraham Geiger.

29 Os textos de Bauer sobre a *questão judaica* não têm, ao que sei, tradução ao português; para o leitor que não domina o idioma alemão, edições acessíveis são Bauer (1974), Bauer e Marx (2004) e, parcialmente, um anexo de Marx (2006).

30 E, consequente com sua argumentação anterior, Bauer considera que essa renúncia está muito mais acessível ao cristão que ao judeu.

31 Um exemplo recente é fornecido por Buey (2004, pp. 88-93).

32 A obra que marca essa renovada mistificação em torno de Marx é a de Misrahi (1972), devidamente criticada por Jacques Aron (2005).

33 É conhecida a ascendência judaica de Marx: seus avós – paterno e materno – foram rabinos. Mas o pai de Marx (Hirschel) converteu-se ao protestantismo em 1817 e, ilustrado admirador de Voltaire, não hipotecou a educação dos filhos (que, aliás, levou ao batismo na Igreja Evangélica em 1824) aos quadros da cultura e da tradição judaicas. Do

ponto de vista biográfico, pode-se afirmar que a ascendência judaica foi, para Marx, algo *dado* e sem influência significativa em sua vida e em sua obra; pode-se afirmar, igualmente, que ele apoiou as reivindicações cívico-políticas dos judeus (como se documenta, por exemplo, na sua carta a Ruge, de 13 de março de 1843 – cf. Cornu, *op. cit.*, II, p. 176, e Wheen, 2001, p. 60) e que sua família jamais ocultou suas origens (sua filha Eleanor, por exemplo, declarava orgulhosamente a um grupo de operários do East End londrino que era judia – cf. Wheen, 2001, p. 58).

34 E cabe ressaltar enfaticamente que até quase a morte de Marx (ou seja, até quase 40 anos depois da redação de *Para a questão judaica*), na cultura europeia (na qual preconceitos em face dos judeus já vinham de muito antes), "judaísmo" não equivalia a antissemitismo – inclusive Buey (2004, p. 89) recorda, apoiado em historiografia recente, que o termo *antissemitismo* só foi empregado na Europa depois de 1880. Vale recordar que, quando o antissemitismo começou a fazer carreira, socialistas inspirados em Marx rechaçaram claramente a identificação entre o "judaísmo" e os judeus – foi o caso, por exemplo, de Kautsky, que escreveu: "Os judeus, hoje, tornaram-se um eminente fator revolucionário, enquanto o judaísmo aparece como um fator reacionário, como a bola de chumbo presa ao pé do judeu progressista" (*apud* R. Finzi, "Uma anomalia nacional: a *questão judaica*", *in* Hobsbawm, org., 1989, p. 299). Do ponto de vista prático-histórico, vale lembrar a intervenção de Lenin e seus camaradas: "é um dado real geralmente reconhecido" que "a Revolução de 1917 libera os judeus de qualquer discriminação jurídica e luta vigorosamente contra o antissemitismo" (*idem*, *ibidem*, p. 306).

# PARA A QUESTÃO JUDAICA

Karl Marx

## I

## Bruno Bauer, Die Judenfrage [A questão judaica], Braunschweig, 1843 1

Os judeus alemães pretendem a emancipação. Que emancipação pretendem eles? A emancipação *cívica* [*staatsbürgerliche*], a [emancipação] política.

Bruno Bauer responde-lhes: – Na Alemanha, ninguém está politicamente emancipado. Nós próprios não somos livres. Como havemos nós de vos libertar? Vós, judeus, sois *egoístas*, quando exigis para vós, como judeus, uma emancipação particular. Como alemães, teríeis [era] de trabalhar pela emancipação política da Alemanha – como homens, pela emancipação humana – e [teríeis era] de sentir a espécie particular da vossa opressão e do vosso aviltamento, não como exceção à regra, mas, antes, como confirmação da regra.

Ou exigem os judeus equiparação aos *súditos cristãos*? Se reconhecem o *Estado cristão* como legítimo [*berechtigt*], reconhecem

---

[1] Bruno Bauer, *Die Judenfrage* [*A questão judaica*] (Braunschweig: F. Otto, 1843). Trata-se da edição em volume, aumentada, de uma série de artigos publicados em novembro de 1842 no periódico editado por Arnold Ruge em Leipzig (*Deutsche Jahrbücher für Wissenschaft und Kunst* [*Anais alemães de ciência e arte*]).

Em seu texto original, Marx não fez uso de qualquer nota de rodapé – todas as consignadas aqui são adaptações das notas preparadas pelo prof. Barata-Moura para a edição lusitana. São também acréscimos da versão do prof. Barata-Moura os colchetes, com os quais se clarificam passagens originais pouco claras ou se remetem aos termos alemães específicos. (N.E.B.)

o regime da subjugação geral. Por que lhes desagrada o seu jugo especial, se lhes agrada o jugo geral? Por que hão de os alemães interessar-se pela libertação dos judeus, se o judeu não se interessa pela libertação dos alemães?

O *Estado cristão* conhece apenas *privilégios*. Nele, o judeu possui o privilégio de ser judeu. Como judeu, ele tem direitos que os cristãos não têm. Por que pretende ele direitos que não tem e de que os cristãos gozam?

Quando o judeu quer ser emancipado do Estado cristão, deve exigir que o Estado cristão abdique do seu preconceito *religioso*. Abdica ele, o judeu, do *seu* preconceito religioso? Tem ele, portanto, o direito de exigir a outrem essa renúncia à religião?

Pela sua *essência*, o Estado cristão não pode emancipar o judeu; mas, acrescenta Bauer, pela sua essência, o judeu não pode ser emancipado. Enquanto o Estado for cristão, e o judeu [for] judaico, ambos serão tão pouco capazes de conferir a emancipação como de [a] receber.

O Estado cristão pode apenas comportar-se para com o judeu à maneira do Estado cristão, quer dizer, de uma maneira privilegiante: consentindo a separação do judeu relativamente aos demais súditos, mas fazendo-o sentir a opressão das outras esferas separadas, e de um modo tanto mais enfático quanto o judeu se encontra em oposição *religiosa* à religião dominante. Mas o judeu também só pode se comportar judaicamente para com o Estado – quer dizer: [só pode se comportar] para com o Estado como um estrangeiro, ao contrapor à nacionalidade real a sua nacionalidade quimérica, à lei real a sua lei ilusória, ao imaginar-se com direito [*berechtigt*] à separação relativamente à humanidade, não tomando por princípio parte nenhuma no movimento histórico, aguardando um futuro que não tem nada em comum com o futuro universal do homem, tendo-se por membro do povo judaico e [tendo] o povo judaico pelo povo eleito.

A que título pretendeis vós, judeus, portanto, a emancipação? Por causa da vossa religião? Ela é a inimiga mortal da religião do

Estado. Como cidadãos de Estado [*Staatsbürger*]? Na Alemanha não há nenhuns cidadãos de Estado. Como homens? Vós não sois homens nenhuns, tão pouco quanto aqueles para que apelais.

Bauer pôs de novo a questão da emancipação dos judeus, depois de ter feito uma crítica das posições e soluções da questão até aqui. Como estão eles *constituídos*, pergunta ele, os judeus que hão de ser emancipados, [e] o Estado cristão que [há de] emancipar? Responde com uma crítica da religião judaica, analisa a oposição *religiosa* entre judaísmo e cristianismo, faz entender a essência do Estado cristão – tudo isso com audácia, agudeza, espírito, profundidade, numa escrita tão precisa como rigorosa e plena de energia.

Como resolve, portanto, Bauer, a questão judaica? Qual [é] o resultado? A formulação de uma pergunta é a sua solução. A crítica da questão judaica é a resposta à questão judaica. O resumo [é], portanto, o seguinte:

Nós temos que nos emancipar a nós próprios primeiro, antes de podermos emancipar os outros.

A forma mais rígida da oposição entre o judeu e o cristão é a oposição *religiosa*. Como se resolve uma oposição? Pelo fato de a tornar impossível. Como se torna uma oposição religiosa impossível? Pelo fato de se *suprimir* [*aufheben*] a *religião*. Assim que judeu e cristão só reconhecerem as suas respectivas religiões como *estágios de desenvolvimento diversos do espírito humano*, como peles de cobra diversas de que a história se despiu (e o *homem* como a cobra que nelas larga a pele), eles deixam de estar numa relação religiosa, mas apenas numa [relação] crítica, *científica*, numa [relação] humana. A *ciência* é então a unidade deles. Oposições em ciência resolvem-se, porém, pela própria ciência.

Defrontam o judeu *alemão*, principalmente, a falta de emancipação política, em geral, e a pronunciada cristandade do Estado. No sentido de Bauer, a questão judaica tem contudo uma significação universal, independente das relações especificamente alemãs. É a questão da relação da religião com o Estado, [a questão] da *contradição do constrangimento [Befangenheit] religioso e da emancipação política*. A emancipação relativamente à religião é posta como condição tanto ao judeu que quer ser emancipado politicamente quanto ao Estado que há de emancipar e ser ele próprio emancipado.

> Bom – diz-se (e o judeu o diz ele próprio) –: o judeu há de ser também emancipado, não como judeu, não porque é judeu, não porque tem um tão excelente, [e] universalmente humano, princípio da eticidade; o judeu ficará, antes, ele próprio por detrás do cidadão [*Staatsbürger*] e será cidadão, apesar de ser judeu e de ter de permanecer judeu; quer dizer, ele é e permanece judeu, apesar de ser cidadão e de viver dentro de relações humanas universais: a sua essência limitada e judaica triunfa sempre, e por último, sobre as suas obrigações humanas e políticas. O preconceito permanece, apesar de ser sobrepujado por princípios universais. Mas se ele permanece, é ele antes que sobrepuja tudo o mais. Só de um modo sofístico, segundo a aparência, poderia o judeu permanecer judeu na vida do Estado; a mera aparência seria, portanto, se ele quisesse permanecer judeu, o essencial, e triunfaria, quer dizer, a sua vida no Estado seria apenas aparência, ou apenas momentânea exceção face à essência e à regra ([B. Bauer] "Die Fähigkeit der heutigen Juden und Christen frei zu werden" ["A capacidade dos judeus e cristãos hodiernos para se tornarem livres"], *Einund zwanzig Bogen* [*Vinte e um cadernos*], p. 57).

Vejamos, por outro lado, como Bauer coloca o problema do Estado:

> A França – diz-se [aí] – deu-nos recentemente (debates da Câmara dos Deputados de 26 de dezembro de 1840)[2], no que diz respeito à questão judaica – tal como constantemente [no que se refere] a todas as outras

[2] Marx intercala aqui a localização mais precisa do acontecimento a que Bruno Bauer alude. Um projeto de lei sobre o trabalho infantil dispunha que aos menores de 16 anos estivesse vedado o trabalho no domingo. Um deputado propôs que, na redação a ser adotada, ficasse que eles apenas poderiam trabalhar seis dias por semana, a fim de que as crianças judias tivessem a oportunidade de guardar o sábado. A emenda foi, no entanto, rejeitada, tendo o ministro da Justiça, Nicolas Martin (conhecido por Martin du Nord), se declarado contra ela.

questões políticas –, o espetáculo de uma vida que é livre, mas que revoga a sua liberdade na lei (portanto, também a declara aparência) e que, por outro lado, refuta a sua lei livre pelos atos ([B. Bauer] *Judenfrage* [*A questão judaica*], [ed. cit.], p. 64).

A liberdade universal ainda não é, na França, lei, a questão judaica também ainda não está resolvida, porque a liberdade legal – [a de] que todos os cidadãos [Bürger] são iguais – está limitada na vida (que ainda está dominada e fracionada pelos privilégios religiosos) e [porque] esta iliberdade da vida retroage sobre a lei e a constrange a sancionar a diferenciação do cidadão (em si, livre) em oprimido e opressor (p. 65).

Quando estaria, portanto, resolvida a questão judaica para a França?

O judeu, por exemplo, teria deixado de ser judeu, se a sua lei o impedisse de cumprir os seus deveres para com o Estado e os seus concidadãos[3], portanto, por exemplo, de ir à Câmara dos Deputados ao sábado e de tomar parte nas sessões públicas. Teria de ser suprimido todo o privilégio religioso, em geral (portanto, também o monopólio de uma igreja privilegiada), e se alguns, ou muitos, ou mesmo a esmagadora maioria, ainda acreditassem ter de cumprir deveres religiosos, este cumprimento teria de lhes ser concedido como pura coisa privada (p. 65). Não há mais religião quando não há mais nenhuma religião privilegiada. Tire-se à religião a sua força exclusiva e ela não existirá mais (p. 66). Assim como o senhor Martin du Nord viu, na proposta de omitir a menção do domingo na lei, o requerimento de declaração de que o cristianismo tinha deixado de existir, com o mesmo direito (e esse direito é perfeitamente fundado) a declaração de que a lei do sábado não teria mais qualquer obrigatoriedade para o judeu seria a proclamação da dissolução do judaísmo (p. 71).

Bauer exige, portanto, por um lado, que o judeu abdique do judaísmo (em geral, que o homem [abdique] da religião) para ser *civicamente* [*staatsbürgerlich*] *emancipado*. Por outro lado, de modo

[3] Na forma original da versão do prof. Barata-Moura: "O judeu, por exemplo, teria cessado de ser judeu, se não permitisse que a sua lei o impedisse de cumprir os seus deveres para com o Estado e os seus concidadãos..." (N.E.B.).

consequente, para ele, a supressão [*Aufhebung*] *política* da religião passa por supressão da religião pura e simplesmente. O Estado que pressupõe a religião ainda não é nenhum Estado verdadeiro, nenhum [Estado] real.

> A representação religiosa dá, decerto, garantias ao Estado. Mas a que Estado? A que espécie de Estado? (p. 97).

Neste ponto, sobressai a versão *unilateral* da questão judaica [por parte de Bauer].

Não basta de modo algum investigar quem deve emancipar, quem deve ser emancipado. A crítica tinha uma terceira coisa a fazer. Tinha de perguntar: de *que espécie de emancipação* se trata? Que condições estão fundadas na essência da emancipação exigida? Na "questão essencial do tempo"[4], apenas a crítica da própria *emancipação política* era a crítica final da questão judaica e a sua verdadeira resolução.

Porque Bauer não eleva a questão a essa altura, cai em contradições. Ele coloca condições que não estão fundadas na essência da própria emancipação *política*. Levanta questões que o seu problema não contém e resolve problemas que deixam pendente a sua questão. Se Bauer diz dos adversários da emancipação judaica: "O vosso erro era apenas o de que pressupúnheis o Estado cristão como o unicamente verdadeiro e de que não o submetíeis à mesma crítica com que consideráveis o judaísmo" (p. 3), nós encontramos o erro de Bauer em que ele *apenas* submete à crítica o "Estado cristão", não o "Estado pura e simplesmente", em que ele não investiga a *relação da emancipação política com a emancipação humana* e [em que], portanto, ele coloca condições que só são explicáveis a partir de uma confusão incrítica da emancipação política com a [emancipação] universalmente humana. Se Bauer pergunta aos judeus: tendes vós, segundo o vosso ponto de vista, o direito de pretender a *emancipação política*?,

[4] Essa reserva de Marx se explica se se levar em conta que, na p. 61 do seu texto, Bauer escrevera: "A questão da emancipação é uma questão universal, [é] a questão do nosso tempo, em geral. Não apenas os judeus, mas também nós queremos ser emancipados".

nós inversamente perguntamos: tem o ponto de vista da emancipação *política* o direito de exigir do judeu a supressão do judaísmo, [de exigir] do homem, em geral, a supressão da religião?

A questão judaica recebe uma versão modificada, consoante o Estado em que o judeu se encontra. Na Alemanha, onde não existe nenhum Estado político, nenhum Estado como Estado, a questão judaica é uma questão puramente teológica. O judeu encontra-se em oposição *religiosa* ao Estado, que confessa o cristianismo como sua base. Esse Estado é *ex professo* [abertamente, declaradamente – latim] teólogo. A crítica é aqui crítica da teologia, [uma] crítica de dois gumes: crítica da teologia cristã, crítica da [teologia] judaica. Mas, assim, nós continuamos a nos mover ainda na teologia, por muito que nela nós possamos também nos mover *criticamente*.

Na França, no Estado *constitucional*, a questão judaica é a questão do constitucionalismo, a questão das *meias-tintas* [*Halbheit*] *da emancipação política*. Uma vez que aí a *aparência* de uma religião de Estado – ainda que numa fórmula que não diz nada e a si própria se contradiz – é conservada na fórmula de uma *religião da maioria*, a relação dos judeus para com o Estado conserva a *aparência* de uma oposição religiosa, teológica.

Só nos Estados livres norte-americanos – pelo menos, numa parte deles – perde a questão judaica a sua significação *teológica* e se torna uma questão realmente *mundana*. Só onde o Estado político existe no seu desabrochamento [*Ausbildung*] completo pode a relação do judeu (em geral, do homem religioso) para com o Estado político (portanto, a relação da religião para com o Estado) assomar na sua particularidade, na sua pureza. A crítica dessa relação deixa de ser crítica teológica assim que o Estado deixa de se comportar de modo *teológico* para com a religião, assim que ele se comporta como Estado, i. e., *politicamente*, para com a religião. A crítica torna-se, então, *crítica do Estado político*. Nesse ponto, em que a questão deixa de ser *teológica*, a crítica de Bauer deixa de ser crítica.

Il n'existe aux États-Unis ni réligion de l'état, ni réligion déclarée celle de la majorité ni prééminence d'un culte sur un autre. L'état est étranger à tous les cultes (*Marie ou l'esclavage aux États-Unis* etc., par G. de Beaumont, Paris, 1835, p. 214) [Não existe nos Estados Unidos nem religião do Estado, nem religião declarada [como sendo] da maioria, nem preeminência de um culto sobre outro. O Estado é estranho a todos os cultos (*Marie ou a escravidão nos Estados Unidos* etc., por G. de Beaumont, Paris, 1835, p. 214)] [5].

Sim, há alguns Estados norte-americanos onde:

la constitution n'impose pas les croyances réligieuses et la pratique d'un culte comme condition des privilèges politiques [a constituição não impõe as crenças religiosas e a prática de um culto como condição dos privilégios políticos] (*op. cit.*, p. 224).

Porém,

on ne croit pas aux États-Unis qu'un homme sans réligion puisse être um honnête homme [não se crê, nos Estados Unidos, que um homem sem religião possa ser um homem honesto] (*op. cit.*, p. 224).

No entanto, a América do Norte é, de preferência, o país da religiosidade – como Beaumont, Tocqueville e o inglês Hamilton asseguram a uma só voz[6]. Os Estados norte-americanos nos valem, entretanto, apenas como exemplo. A questão é: como se comporta a emancipação política completa para com a religião? Se encontrarmos, mesmo no país da emancipação política completa, não só a *existência* [*Existenz*], mas também a existência *vitalmente*

---

5 Gustave Beaumont de la Bonnière, em missão do governo francês, juntamente com Alexis de Tocqueville, viajou pelos Estados Unidos entre 1831-1832, de que resultou a publicação *Du système penitentaire aux États-Unis et de son application en France* [*Do sistema penitenciário dos Estados Unidos e de sua aplicação à França*]. O título completo do texto de G. de Beaumont, parte da publicação citada, é *Marie ou l'esclavage aux États-Unis, tableau de moeurs américaines* [*Maria ou a escravidão nos Estados Unidos; quadro de costumes americanos*]

6 As fontes de Marx, aqui, além do já citado texto de Beaumont, são Alexis de Tocqueville, *De la démocratie en Amérique* [*A democracia na América*]. Paris, 1835, e Thomas Hamilton, *Die Menschen und die Sitten in den vereinigten Staaten von Nordamerika* [*Homens e costumes nos Estados Unidos da América*]. Trad. L. Hout., Mannheim, 1834.

*fresca*, a [existência] *vitalmente vigorosa* da religião, está aduzida a prova de que a existência [*Dasein*] da religião não contradiz o completamento do Estado. Uma vez, porém, que a existência da religião é a existência de uma falta, a fonte desta falta [*Mangel*] não pode ser procurada senão na *essência* do próprio Estado. Para nós, a religião já não passa por ser o *fundamento*, mas apenas o *fenômeno* da limitação mundana. Nós explicamos, portanto, o constrangimento religioso dos cidadãos de Estados livres a partir do seu constrangimento mundano. Nós não afirmamos que eles tenham de suprimir o seu constrangimento religioso para suprimirem as suas barreiras mundanas. Nós não transformamos as questões mundanas em [questões] religiosas. Nós transformamos as questões religiosas em [questões] mundanas. Depois de a história, durante bastante tempo, ter sido resolvida em superstição, nós resolvemos a superstição em história. A questão da *relação da emancipação política com a religião* torna-se para nós a questão da *relação da emancipação política com a emancipação humana*. Nós criticamos as fraquezas religiosas do Estado político criticando o Estado político – abstraindo das fraquezas religiosas – na sua construção *mundana*. Nós humanizamos a contradição do Estado com uma *religião determinada* (porventura, com o judaísmo) na contradição do Estado com elementos *mundanos determinados*, [humanizamos] a contradição do Estado com a *religião em geral* na contradição do Estado com os seus *pressupostos* em geral[7].

A emancipação *política* do judeu, do cristão (em geral, do homem *religioso*) é a *emancipação* do Estado relativamente ao judaísmo, ao cristianismo (em geral, à religião). O Estado – na sua forma, no modo peculiar à sua essência, como *Estado* – emancipa-se da religião na medida em que se emancipa da *religião de Estado*, i. e., na medida em que o Estado, como Estado, não reconhece

---

7 Nas notas à sua tradução, o prof. Barata-Moura observa que "humanizar" significa, aqui, considerar os problemas em causa a partir da sua raiz mundana, numa perspectiva de "humanidade", reconduzir os problemas à sua verdadeira radicação (N.E.B.).

nenhuma religião, na medida em que o Estado se confessa, antes, como Estado. A emancipação *política* relativamente à religião não é a emancipação consumada, a [emancipação] desprovida de contradição, relativamente à religião, porque a emancipação política não é o modo consumado, o [modo] desprovido de contradição, da emancipação *humana*.

O limite da emancipação política aparece logo no fato de que o Estado pode libertar-se de uma barreira sem que o homem esteja *realmente* livre dela, [no fato de] que o Estado pode ser um *Estado livre* sem que o homem seja *um homem livre*. O próprio Bauer admite isso tacitamente, quando põe à emancipação política a seguinte condição:

> Teria de ser suprimido todo o privilégio religioso, em geral (portanto, também o monopólio de uma igreja privilegiada), e se alguns, ou muitos, ou mesmo a esmagadora maioria ainda acreditassem ter de cumprir deveres religiosos, esse cumprimento teria de lhes ser concedido como uma pura coisa privada[8].

O *Estado* pode, portanto, ter se emancipado da religião, mesmo quando a *esmagadora maioria* ainda é religiosa. E a esmagadora maioria não deixa de ser religiosa pelo fato de ser *privatim* [a título privado, em privado – latim] religiosa.

Mas o comportamento do Estado – principalmente, do *Estado livre* – para com a religião é, no entanto, apenas o comportamento dos *homens* que formam o Estado para com a religião. Segue-se daqui que [é] por *meio do Estado* [que] o homem se liberta *politicamente* de uma barreira, ao elevar-se acima dessa barreira de um modo *abstrato* e *limitado*, de um [modo] *parcial*. Segue-se, além disso, que [é] por um *desvio* [*Unweg*], por um *medium* (ainda que por um *medium* necessário) [que] o homem se liberta, ao libertar-se *politicamente*. Segue-se, por fim, que, mesmo quando ele se proclama ateu por mediação do Estado (i. e., quando ele

[8] No texto de Bauer que Marx utiliza, a citação comparece na p. 65.

proclama o Estado ateu), o homem continua a permanecer ainda religiosamente constrangido, precisamente porque ele só se reconhece a si próprio por um desvio, por um *medium*. A religião é, precisamente, o reconhecimento do homem por um atalho. Por um *mediador*. O Estado é o mediador entre o homem e a liberdade do homem. Assim como Cristo é o mediador a quem o homem imputa toda a sua divindade, todo o seu *constrangimento religioso* [*religiöse Befangenheit*], também o Estado é o mediador para o qual ele transfere toda a sua não-divindade, toda a sua *ingenuidade humana* [*menschliche Unbefangenheit*].

A elevação política do homem acima da religião partilha de todas as faltas e de todas as vantagens da elevação política, em geral. O Estado como Estado anula, por exemplo, a *propriedade privada* [*Privateigenthum*], o homem declara como *suprimida* (de modo político) a propriedade privada assim que suprime o *censo* [*Census*] para a elegibilidade ativa e passiva[9], como aconteceu em muitos Estados norte-americanos. Hamilton interpreta este fato do ponto de vista político, de um modo totalmente correto: "*As massas arrancaram a vitória aos proprietários e à riqueza do dinheiro*"[10]. Não é a propriedade privada suprimida idealmente, quando o não-possidente se tornou legislador do possidente? O *censo* é a última forma *política* de reconhecer a propriedade privada.

Todavia, com a anulação política da propriedade privada, a propriedade privada não só não é suprimida mas também é mesmo pressuposta. O Estado suprime, à sua maneira, a diferença do *nascimento*, do *estado* [social, *Stand*], da cultura, da *ocupação* [profissional, *Beschäftigung*], quando declara diferenças *não-políticas* o nascimento, o estado, a cultura, a ocupação, quando (sem atender a estas diferenças) proclama cada membro do povo participante

---

9 De acordo com o sistema censitário vigente em diversos regimes constitucionais liberais, o exercício da capacidade eleitoral dependia do estatuto econômico.

10 Cf. Hamilton, *Die Mensch und die Sitten in den vereinigten Staaten von Nordamerika*, *op. cit.*, vol. 1, p. 146.

*por igual* da soberania popular, quando trata todos os elementos da vida popular real do ponto de vista do Estado. Não obstante, o Estado deixa *atuar* a propriedade privada, a cultura, a ocupação, à maneira *delas* (i. e., como propriedade privada, cultura, ocupação) e fazer valer a sua essência *particular*. Muito longe de suprimir essas diferenças fáticas, ele só existe antes no pressuposto delas, ele só se sente como *Estado político*, e só faz valer a sua *universalidade*, em oposição a esses seus elementos. Hegel determina, portanto, de um modo totalmente correto a relação do *Estado político* com a religião, quando diz:

> Para que o Estado possa vir à existência como a realidade ética, que se sabe, do espírito é necessária a sua diferenciação relativamente à forma da autoridade e da fé; essa diferenciação só resulta, porém, na medida em que o lado eclesial chega, em si próprio, à separação [*Trennung*]; só assim [é que], por cima das igrejas particulares, o Estado ganhou a universalidade do pensamento, o princípio da sua forma, e os traz à existência (*Rechtsphil[osophie]* de Hegel, 2ª ed., p. 346)[11].

Sem dúvida! Só assim, *por cima* dos elementos *particulares*, [é que] o Estado se constitui como universalidade.

O Estado político completo é, pela sua essência, a vida genérica do homem em *oposição* à sua vida material. Todos os pressupostos dessa vida egoísta continuam a subsistir *fora* da esfera do Estado na *sociedade civil*, mas como propriedades [*Eigenschaften*] da sociedade civil. Onde o Estado político alcança o seu verdadeiro desabrochamento, o homem leva – não só no pensamento, na consciência, mas na *realidade*, na *vida* – uma vida dupla, uma [vida] celeste e uma [vida] terrena: a vida na *comunidade política* (em que ele se [faz] valer como *ser comum*) e a vida na *sociedade civil* (em que ele é ativo como *homem privado*, considera os outros homens como meio, se degrada a si próprio à [condição] de meio, e se torna o joguete de

[11] Marx cita aqui a *Filosofia do Direito* de Hegel segundo a edição a cargo de Eduard Ganz, como volume 8 das *Werke*, publicado em Berlim, Dunker & Humblot, 1833.

poderes estranhos). O Estado político comporta-se precisamente para com a sociedade civil de um modo tão espiritualista como o Céu para com a Terra. Está na mesma oposição a ela, triunfa dela do mesmo modo que a religião [triunfa] do constrangimento do mundo profano – i. e., na medida em que ele igualmente tem que reconhecê-la, estabelecê-la de novo[12], [tem igualmente] que deixar ele próprio se dominar por ela. O homem, na sua realidade *mais próxima*, na sociedade civil, é um ser profano. Aqui onde ele se [faz] valer a si próprio e aos outros como indivíduo real – é um fenômeno *não-verdadeiro*. No Estado, ao contrário – em que o homem vale como ser genérico –, ele é o membro imaginário de uma soberania imaginada, é roubado da sua vida individual real e repleto de uma universalidade irreal.

O conflito em que o homem (como confessor de uma religião *particular*) se encontra com a sua cidadania de Estado, com os outros homens [como membros da comunidade], reduz-se à cisão [*Spaltung*] *mundana* entre o Estado *político* e a *sociedade civil*. Para o homem, como *bourgeois* [burguês – francês], a "vida no Estado" é "apenas aparência ou uma exceção momentânea face à essência e à regra"[13]. Decerto que o *bourgeois*, tal como o judeu, só sofisticamente permanecem na vida do Estado, assim como o *citoyen* [cidadão – francês][14] só sofisticamente permanece judeu ou *burguês*; mas esta sofística não é pessoal. Ela é a *sofística* do próprio *Estado político*. A diferença entre o homem religioso e o cidadão é

---

[12] Na forma original da versão do prof. Barata-Moura: "... em que ele igualmente tem que a reconhecer, estabelecer de novo..." (N.E.B.).

[13] Estas palavras são extraídas de outro texto de B. Bauer, *Die Fähigkeit der heutigen Juden und Christen frei zu werden* [*A capacidade dos judeus e dos cristãos hodiernos para se tornarem livres*] – cf. *infra*, a nota 36.

[14] Nas notas que após à sua tradução, o prof. Barata-Moura observou que "o *cidadão* é o membro da sociedade civil *política*, num Estado constitucionalizado formalmente democrático. O *burguês* pertence, privadamente, à esfera da sociedade civil, enquanto estrutura econômico-social" (cf. K. Marx, *Para a questão judaica*. Lisboa: Avante!, 1997, p. 106) (N.E.B.).

a diferença entre o comerciante e o cidadão, entre o jornaleiro e o cidadão, entre o *indivíduo vivo* e o *cidadão*. A contradição em que o homem religioso se encontra com o homem político é a mesma contradição em que o *bourgeois* [se encontra] com o *citoyen*, em que o homem da sociedade civil se encontra com a sua *pele de leão*[15] política.

Esse conflito mundano a que finalmente a questão judaica se reduz, a relação do Estado político com os seus pressupostos (sejam eles elementos materiais, como a propriedade privada etc., ou [elementos] espirituais, como cultura, religião), o conflito entre o interesse *universal* e o interesse *privado*, a cisão entre o *Estado político* e a *sociedade civil* – essas oposições mundanas, deixa-as Bauer subsistir enquanto polemiza contra a sua expressão *religiosa*.

> [São] precisamente as suas bases – a necessidade [*Bedürfnis*] que assegura à sociedade civil o seu subsistir e garante a sua necessidade [*Notwendigkeit*] – [que] expõem o seu subsistir a perigos constantes, [que] mantêm nela um elemento inseguro, e a produzem numa mistura em constante mudança de pobreza e riqueza, de miséria e prosperidade, de mudança em geral (p. 8)[16].

Confira-se toda a seção "A sociedade civil" (pp. 8-9), que está delineada segundo os traços fundamentais da Filosofia do Direito de Hegel. A sociedade civil, na sua oposição ao Estado político, é reconhecida como necessária, porque o Estado político é reconhecido como necessário.

A emancipação *política* é, sem dúvida, um grande progresso; ela não é, decerto, a última forma da emancipação humana, em geral, mas é a última forma da emancipação política *no interior* da ordem mundial até aqui. Entende-se: nós falamos aqui de emancipação real, de [emancipação] prática.

---

15 Alusão a um dos trabalhos de Hércules, em que ele, segundo a mitologia, depois de matar o leão de Nemeia, passou a usar a pele desse animal como símbolo de força invencível.

16 Aqui, e no parágrafo seguinte, a obra citada de Bauer é *Die Judenfrage* [*A questão judaica*].

O homem emancipa-se *politicamente* da religião – ao bani-la do Direito público para o Direito privado. Ela não é mais o espírito do *Estado*, em que o homem – ainda que de modo limitado, numa forma particular e numa esfera particular – se comporta como ser genérico, em comunidade com outros homens; ela tornou-se o espírito da *sociedade civil*, da esfera do egoísmo, do *bellum omnium contra omnes* [guerra de todos contra todos – latim][17]. Ela não é mais a essência da *comunidade* [*Gemeinschaft*], mas a essência da *diferença*. Ela tornou-se a expressão da *separação* do homem relativamente à sua *comunidade* [*Gemeinwesen*], a si próprio e aos outros homens – [tornou-se] aquilo que ela *originalmente* era. Ela já só é a confissão abstrata da insânia particular, da *tineta privada* [*Privatschrulle*], do arbítrio. A fragmentação infinita da religião na América do Norte, por exemplo, dá-lhe, *exteriormente*, a forma de um assunto puramente individual. Ela foi relegada para o número dos interesses privados, e exilada da comunidade como comunidade. Mas não nos iludamos acerca dos limites da emancipação política. A cisão do homem no homem *público* e no homem *privado*, o *deslocamento* da religião do Estado para a sociedade civil, não são um estágio, são o *complemento* da emancipação política que, portanto, precisamente, tampouco suprime quanto se esforça por suprimir a religiosidade *real* do homem.

A *decomposição* do homem no judeu e no cidadão, no protestante e no cidadão, no homem religioso e no cidadão – essa decomposição não é nenhuma mentira *contra* a cidadania de Estado, não é nenhum torneamento da emancipação política; ela *é a própria emancipação política*, é o modo *político* de [alguém] se emancipar da religião. Sem dúvida: em tempos em que o Estado político como Estado político nasce[18] violentamente da sociedade

---

17 A expressão é extraída de Thomas Hobbes que, com ela, caracterizava a permanente e generalizada beligerância entre os homens no "estado de natureza", anterior ao "pacto social" fundante do "estado civil".

18 Na forma original da versão do prof. Barata-Moura: "... como Estado político é feito nascer..." (N.E.B.).

civil[19], em que a autolibertação humana se esforça por perfazer sob a forma de autolibertação política – o Estado pode e tem de prosseguir até a *supressão da religião, até o aniquilamento* da religião, mas só como ele prossegue até a supressão da propriedade privada, até o *Maximum* [máximo – francês][20], até o confisco, até o imposto progressivo, como ele [prossegue] até a supressão da vida, até a *guillotine* [guilhotina – francês]. Nos momentos do seu autossentimento particular[21], a vida política procura esmagar o seu pressuposto, a sociedade civil e os seus elementos, e constituir-se como a vida genérica real, desprovida de contradição, do homem. Ela só o consegue, entretanto, por contradição *violenta* com as suas condições de vida próprias, só [o consegue] declarando *permanente* a revolução, e o drama político termina, portanto, tão necessariamente pelo restabelecimento da religião, da propriedade privada, de todos os elementos da sociedade civil, como a guerra termina pela paz.

Sim, não [é] o chamado Estado *cristão* – que confessa o cristianismo como base sua, como religião de Estado, e se comporta, portanto, de modo exclusivista para com as outras religiões – [que] é o Estado cristão completo, mas antes o Estado *ateu*, o Estado *democrático*, o Estado que remete a religião para os demais elementos da sociedade civil. Ao Estado que é ainda teólogo, que aceita ainda o credo do cristianismo de modo oficial, que ainda não ousou proclamar-se *como Estado* – não foi ainda possível se expressar em forma *mundana*, *humana*, na sua *realidade* como Estado, a base *humana* de que o cristianismo é expressão exaltada

[19] Alusão à Revolução Francesa, particularmente sua etapa jacobina.

[20] Nova alusão à Revolução Francesa: por "máximo" designou-se um conjunto de medidas legislativas da Convenção, destinadas a fixar os preços máximos de bens de primeira necessidade.

[21] O prof. Barata-Moura – esclarecendo que tais momentos denotam o processo em que o Estado começa a sentir-se a si próprio ou a desenvolver formas elementares de tomada de consciência de si – observa que a expressão "autossentimento" ou "sentimento de si" (*Selbstgefühl*) procede de Hegel (*A fenomenologia do Espírito*) (N.E.B.).

[*überschwänglicher*]. O chamado Estado cristão é apenas, simplesmente, o *não-Estado*, porque apenas pode consumar em criaturas realmente humanas, não o cristianismo como religião, mas só o *pano de fundo* [*Hintergrund*] *humano* da religião cristã.

O chamado Estado cristão é a negação cristã do Estado, mas de modo algum a realização estatal do cristianismo. O Estado que confessa ainda o cristianismo na forma de religião, ainda não o confessa na forma do Estado, pois ele ainda se comporta religiosamente para com a religião, i. e., ele não é a *consumação* [*Ausführung*] *real* do fundamento humano da religião, porque ele ainda se reclama da *irrealidade* da figura *imaginária* deste núcleo humano. O chamado Estado cristão é o Estado *imperfeito*, e a religião cristã lhe valhe de *complemento* e de *santificação* da sua imperfeição. A religião torna-se-lhe portanto necessária como *meio*, e ele é o Estado da *hipocrisia*. Há uma grande diferença entre: ou o Estado *completo* contar a religião entre os seus pressupostos por causa da falta que reside na essência universal do Estado, ou o Estado *incompleto* declarar a religião como *base* por causa da falta que reside na sua *existência particular*, como Estado defeituoso. No último caso, a religião torna-se *política imperfeita*. No primeiro caso, a própria imperfeição da *política* completa mostra-se como religião. O chamado Estado cristão precisa da religião cristã para se perfazer *como Estado*. O Estado democrático, o Estado real, não precisa da religião para a sua perfeitura [*Vervollständigung*] política. Pode antes abstrair da religião, porque, nele, a base humana da religião foi consumada de modo mundano. O chamado Estado cristão comporta-se, ao contrário, politicamente para com a religião e religiosamente para com a política. Quando ele degrada as formas de Estado à aparência, degrada precisamente outro tanto a religião à aparência.

Para esclarecer essa oposição, consideremos a construção do Estado cristão [por parte] de Bauer, uma construção que proveio da intuição do Estado germano-cristão.

> Recentemente – diz Bauer – para demonstrar a impossibilidade ou a não-existência de um Estado cristão, remeteu-se frequentemente para aquelas sentenças do Evangelho que o Estado, não só não observa, como também nem sequer pode observar, se não quiser se dissolver completamente. Mas a coisa não se resolve tão facilmente. Que exigem, pois, aqueles versículos evangélicos? A autoabnegação sobrenatural, a submissão à autoridade da revelação, o afastamento relativamente ao Estado, a supressão das relações mundanas[22]. Só que o Estado cristão exige e faz tudo isso. Ele aproximou-se do espírito do Evangelho, e se ele não o traduz na mesma letra pelo qual o Evangelho o expressa, isso só acontece portanto porque ele expressa esse espírito em formas de Estado, i. e., em formas que decerto são retiradas do sistema de Estado neste mundo, mas que, no renascimento religioso que têm de experimentar, são degradadas à aparência. É o afastamento relativamente ao Estado que, para a sua consumação, se serve das formas de Estado (p. 55)[23].

Bauer continua então a desenvolver como o povo do Estado cristão é um não-povo, [como] não tem mais qualquer vontade própria; [como,] porém, possui a sua existência verdadeira no chefe a que se submete (o qual lhe é contudo, originalmente e por natureza, estranho, i. e., dado por Deus e advindo sem a sua intervenção própria); como as leis desse povo não são obra sua (mas revelações positivas); como o seu chefe supremo precisa de mediadores privilegiados [para o seu contato] com o povo propriamente dito, com a massa; como essa própria massa se desagrega num conjunto de círculos particulares, que o acaso forma e determina, que se diferenciam pelos seus interesses, paixões e preconceitos particulares e que recebem, como privilégio, a permissão de reciprocamente se fecharem uns aos outros etc. (p. 56).

Só que Bauer diz mesmo:

---

22 O prof. Barata-Moura sugere que essa referência de Bauer talvez diga respeito à seguinte exortação de Paulo (*Carta aos romanos*, 12, 2): "Não vos conformeis com este século" (N.E.B.).

23 Aqui, e nos parágrafos seguintes, a citação de Bauer é extraída de *Die Judenfrage* [*A questão judaica*].

A política, se ela não há de ser senão religião, não deve ser política, tampouco quanto a limpeza das panelas, se ela houver de passar por assunto de religião, deve ser considerada como uma coisa de economia [doméstica] (p. 108).

No Estado cristãmente germânico, a religião é, porém, uma "coisa de economia [doméstica]", tal como a economia [doméstica] é religião. No Estado cristãmente germânico, a dominação da religião é a religião da dominação.

A separação do "espírito do Evangelho" e da "letra do Evangelho" é um ato *irreligioso*. O Estado que faz o Evangelho falar na letra da política segundo uma outra letra que não a letra do Espírito Santo comete um sacrilégio, senão aos olhos humanos, então aos seus próprios olhos religiosos. Ao Estado que confessa o cristianismo como sua norma suprema, que [confessa] a Bíblia como sua Carta, têm que se contrapor as *palavras* da Sagrada Escritura, pois a Escritura é sagrada até à palavra. Esse Estado – tanto quanto o *lixo humano* sobre que se baseia – cai numa contradição dolorosa (invencível, do ponto de vista da consciência religiosa) quando é remetido para aquelas sentenças do Evangelho que ele "não só não observa, como também *nem sequer pode observar*, se não quiser se dissolver completamente como Estado". E por que ele não quer se dissolver completamente? A isso ele próprio não pode responder, nem a ele [mesmo] nem aos outros. Perante a sua *própria consciência*, o Estado cristão oficial é um *dever-ser* [*Sollen*], cuja realização é inalcançável, que só sabe constatar a *realidade* da sua existência através de mentiras para com ele próprio, e que permanece sempre portanto para si próprio um objeto de dúvida, um objeto de pouca confiança, problemático. A crítica encontra-se portanto no pleno direito quando coage o Estado que se reclama da Bíblia à loucura da consciência, em que ele próprio já não se sabe se é uma *imaginação* ou uma *realidade*, em que a infâmia das suas finalidades mundanas (às quais a religião serve de capa) entre num conflito insolúvel com a honestidade da sua consciência *religiosa* (à qual a religião aparece como finalidade do mundo). Esse Estado só pode se livrar do seu tormento interior quando se tornar *beleguim* da Igreja Católica. Face a ela – que declara o poder mundano como um corpo que a serve –, o Estado é impotente, é impotente o poder *mundano* que afirma ser a dominação do espírito religioso.

No chamado Estado cristão, vale decerto a *alienação* [*Entfremdung*], mas não o *homem*. O único homem que vale – o *rei* – é um [homem] especificamente diferente dos outros homens, para além de [constituir] ainda ele próprio um ser religioso que se conecta diretamente com o Céu, com Deus. As ligações que aqui dominam são ainda ligações *de fé*. O espírito religioso, portanto, ainda não se mundanizou realmente.

Mas o espírito religioso também não pode ser realmente mundanizado, pois o que é ele próprio senão a forma *não-mundana* de um estágio de desenvolvimento do espírito humano? O espírito religioso só pode ser realizado na medida em que o estágio de desenvolvimento do espírito humano (de que ele é expressão religiosa) assome e se constitua na sua forma *mundana*. Isso acontece no Estado *democrático*. Não [é] o cristianismo, mas o *fundamento humano* do cristianismo [que] é o fundamento desse Estado. A religião permanece a consciência ideal, não-mundana, dos membros daquele, porque ela é a forma ideal do *estágio de desenvolvimento humano* que nele é efetuado.

Os membros do Estado político são religiosos pelo dualismo entre a [vida] individual e a vida genérica, entre a vida da sociedade civil e a vida política; [são] religiosos, na medida em que a religião é aqui o espírito da sociedade civil, a expressão da separação e do afastamento do homem relativamente ao homem. A democracia política é cristã, na medida em que nela, o homem (não só um homem, mas cada homem) passa por ser *soberano*, por [ser] supremo, mas [é] o homem no seu fenômeno insocial, incultivado, o homem na sua existência contingente, o homem tal como anda e está, o homem tal como (por toda a organização da nossa sociedade) está corrompido, perdeu a si mesmo, se alienou, se encontra dado sob a dominação de relações e de elementos inumanos – numa palavra, o homem que ainda não é nenhum ser genérico *real*. A imagem da fantasia, o sonho, o postulado do cristianismo, a soberania do homem – [tudo isso,] mas como uma essência estranha, diferenciada do homem real, é, na democracia, realidade sensível, presente, máxima mundana.

A própria consciência teológica e religiosa passa por ser, na democracia completa, tanto mais religiosa quanto, aparentemente, carece de significação política, de finalidade terrena, é assunto de sentimentos inimigos do mundo, expressão da tacanhez do entendimento, produto do arbítrio e da fantasia, é como uma vida realmente do Além. O cristianismo alcança aqui a expressão *prática* da sua significação religiosa universal, ao agrupar as mundividências de espécie mais variada na forma do cristianismo, umas ao lado das outras; e, mais ainda, pelo fato de colocar aos outros, nem sequer a exigência do cristianismo, mas apenas só de religião, em geral, de uma qualquer religião (cf. o escrito de Beaumont citado). A consciência religiosa regala-se com a riqueza da oposição religiosa e da multiplicidade religiosa.

Mostramos, portanto, que a emancipação política deixa a religião subsistir, ainda que [não seja] nenhuma religião privilegiada. A contradição em que o apoiador de uma religião particular se encontra relativamente à sua cidadania de Estado é apenas *uma parte* da *contradição mundana* universal *entre o Estado político e a sociedade civil*. O completamento do Estado cristão é o Estado que se confessa Estado e abstrai da religião dos seus membros. A emancipação do Estado relativamente à religião não é a emancipação do homem real relativamente à religião.

Não dizemos, portanto, com Bauer, aos judeus: vós não podeis ser politicamente emancipados, sem vos emancipardes radicalmente do judaísmo. Nós dizemos-lhes antes: porque vós podeis ser politicamente emancipados sem vos verdes completamente livres e sem contradição do judaísmo, por isso [é que] a *emancipação política* não é propriamente a emancipação *humana*. Se vós, judeus, quereis ser politicamente emancipados sem vos emancipardes vós próprios humanamente, as meias-tintas e a contradição não residem apenas em vós, elas residem na *essência* e na *categoria* da emancipação política. Se vós estais presos nessa categoria, vós partilhais um constrangimento geral. Assim como o Estado *evangeliza* quando, apesar de Estado, se comporta cristãmente para com os judeus, assim também os judeus *politizam* quando, apesar de judeus, exigem direitos cívicos.

Mas, se o homem, ainda que judeu, pode ser politicamente emancipado, pode receber direitos cívicos, pode ele reivindicar e receber os chamados *direitos humanos*? Bauer *nega-o*.

> A questão é saber se o judeu como tal, i. e., o judeu que admite ele próprio que é coagido pela sua essência verdadeira a viver em eterno isolamento dos outros, é capaz de receber e de conceder aos outros os direitos humanos universais[24].

> Para o mundo cristão, o pensamento dos direitos humanos só foi descoberto no século passado. Não é inato ao homem, é antes conquistado em luta contra as tradições históricas em que até aqui o homem foi educado. Assim, os direitos humanos não são um presente da Natureza, [nem] nenhum dote da história até aqui, mas o preço da luta contra o acaso do nascimento e contra os privilégios que a história, de geração em geração, até agora legou. São resultados da cultura, e só pode possuí-los quem os tenha adquirido e merecido[25].

> Ora, pode o judeu realmente tomar posse deles? Enquanto for judeu, a essência limitada que faz dele judeu tem de triunfar da essência humana que há de vinculá-lo, como homem, ao homem, e [ela tem] de isolá-lo do não-judeu. Ele declara, por esse isolamento, que a essência particular que faz dele judeu é a sua verdadeira essência suprema, perante a qual a essência do homem tem que recuar"[26].

[24] *Die Judenfrage* [*A questão judaica*], p. 19.

[25] *Idem*, p. 19.

[26] *Idem*, p. 19-20.

Do mesmo modo, o cristão como cristão não pode outorgar quaisquer direitos humanos (pp. 19-20).

O homem tem, segundo Bauer, de sacrificar o "privilégio da fé" para poder receber os direitos humanos universais[27]. Consideremos, por um instante, os chamados direitos humanos e, decerto, os direitos humanos na sua figura autêntica, na figura que eles possuem nos seus *descobridores*, os norte-americanos e os franceses! Em parte, esses direitos humanos são direitos *políticos*, direitos que só podem ser exercidos na comunidade [*Gemeinschaft*] com outros. A *participação* na *comunidade* [*Gemeinwesen*] e, decerto, na comunidade *política*, no *sistema de Estado*, forma o seu conteúdo. Caem na categoria da *liberdade política*, na categoria dos *direitos cívicos*, as quais de modo algum pressupõem, como vimos, a supressão positiva, e sem contradição, da religião, portanto, também porventura [a] do judaísmo. Resta considerar a outra parte dos direitos humanos, os *droits de l'homme* [direitos do homem – francês], na medida em que eles são diferentes dos *droits du citoyen* [direitos do cidadão – francês].

Na série desses [direitos], encontra-se a liberdade de consciência, o direito de exercer qualquer culto. O *privilégio da fé* é expressamente reconhecido, quer como um *direito humano*, quer como consequência de um direito humano, da liberdade.

Déclaration des droits de l'homme et du citoyen, de 1791, artº 10: "Nul ne doit être inquiété pour ses opinions même réligieuses" ["Ninguém deve ser molestado pelas suas opiniões, mesmo religiosas"]. No Título 7 da Constituição de 1791, é garantido como direito humano: "La liberté à tout homme d'exercer le culte réligieux auquel il est attaché" ["A liberdade de qualquer homem de exercer o culto religioso ao qual está ligado"].

A Déclaration des droits de l'homme etc., de 1793, conta entre os direitos humanos, artº 7: "Le libre exercice des cultes" ["O livre exercício dos cultos"]. Sim, no que se refere ao direito de tornar públicos os seus

[27] *Idem*, pp. 60-61.

pensamentos e opiniões, de se reunir, de exercer o culto, diz-se mesmo: "La nécessité d'énoncer ces droits suppose ou la présence ou le souvenir récent du despotisme" ["A necessidade de enunciar estes direitos supõe ou a presença ou a lembrança recente do despotismo"]. Confira-se a Constitution [Constituição] de 1795, título XIV, artº 354[28].

Constitution de Pensylvanie, artº 9, § 3: "Tous les hommes ont réçu de la nature le droit imprescriptible d'adorer le Tout-Puissant selon les inspirations de leur conscience, et nul ne peut légalement être contraint de suivre, instituer ou soutenir contre son gré aucun culte ou ministère réligieux. Nulle autorité humaine ne peut, dans aucun cas, intervenir dans les questions de conscience et contrôler les pouvoirs de l'âme" ["Todos os homens receberam da natureza o direito imprescritível de adorar o Todo-Poderoso segundo as inspirações da sua consciência e ninguém pode ser legalmente constrangido a seguir, instituir ou apoiar, contra a sua vontade, qualquer culto ou ministério religioso. Nenhuma autoridade humana pode, em caso algum, intervir nas questões de consciência e controlar os poderes da alma"].

Constitution de New-Hampshire, artº 5 e 6: "Au nombre des droits naturels, quelques-uns sont inaliénables de leur nature, parce que rien n'en peut être l'équivalent. De ce nombre sont les droits de conscience". ["De entre o número dos direitos naturais, alguns são inalienáveis da sua natureza, porque nada pode ser o equivalente deles. Fazem parte deste número os direitos de consciência"] (Beaumont, *op. cit.*, pp. 213-142)[29].

A incompatibilidade da religião com os direitos humanos reside tão pouco no conceito dos direitos humanos, que o direito de ser *religioso* do modo que lhe aprouver, de exercer o culto da sua religião, até está expressamente contado entre os direitos humanos. O *privilégio da fé* é um *direito humano universal.*

---

28 O artigo 354, mencionado por Marx, dispõe: "Conformando-se às leis, ninguém pode ser impedido de exercer o culto que escolheu. Ninguém pode ser forçado a contribuir para as despesas de nenhum culto. A república não salaria nenhum deles."

29 As citações de ambas as Constituições – da Pensilvânia e do New-Hampshire – foram extraídas por Marx da obra de Beaumont.

Os *droits de l'homme*, os direitos humanos, são, como tais, diferentes dos *droits du citoyen*, dos direitos do cidadão. Quem é o *homme* diferente do *citoyen*? Ninguém senão o *membro da sociedade civil*. Por que é que o membro da sociedade civil é chamado "homem" (pura e simplesmente "homem"), por que é que os seus direitos são chamados *direitos do homem*? A partir de quê nós explicamos esse fato? A partir da relação do Estado político com a sociedade civil, a partir da essência da emancipação política.

Antes de tudo, constatemos o fato de que os chamados *direitos do homem*, os *droits de l'homme*, diferentemente dos *droits du citoyen*, não são outra coisa senão os direitos do *membro da sociedade civil* [burguesa, *bürgerliche Gesellschaft*], i. e., do homem egoísta, do homem separado do homem e da comunidade. A constituição mais radical, a Constituição de 1793, pode dizer:

> Déclaration des droits de l'homme et du citoyen.
>
> Art.º 2. Ces droits etc. (les droits naturels et imprescriptibles) sont: l' égalité, la liberté, la sûreté, la propriété [Estes direitos etc. (os direitos naturais e imprescritíveis) são: a igualdade, a liberdade, a segurança, a propriedade][30].

Em que consiste a *liberté*?

> Art.º 6. "La liberté est le pouvoir qui appartient à l'homme de faire tout ce qui ne nuit pas aux droits d'autrui" ["A liberdade é o poder que pertence ao homem de fazer tudo o que não prejudique os direitos de outrem"]; ou, segundo a Declaração dos Direitos do Homem de 1791: "La liberté consiste à pouvoir faire tout ce qui ne nuit pas à d'autrui" [ "A liberdade consiste em poder fazer tudo o que não prejudique outrem"].

A liberdade é, portanto, o direito de fazer e empreender tudo o que não prejudique nenhum outro. Os limites dentro dos quais cada um pode se mover *sem prejuízo* de outrem são determinados pela lei, tal como os limites de dois campos são determinados pela

---

[30] Neste passo, Marx reúne, socorrendo-se de formulações que aí ocorrem, o conteúdo dos artigos primeiro e segundo.

estaca [das cercas]. Trata-se da liberdade do homem como mônada isolada, virada sobre si própria. Por que é que, segundo Bauer, o judeu é incapaz de receber os direitos do homem?

> Enquanto for judeu, a essência limitada que faz dele judeu tem de triunfar sobre a essência humana que há de ligá-lo, como homem, ao homem, e [tem] de isolá-lo do não-judeu.

Mas o direito humano à liberdade não se baseia na vinculação do homem com o homem, mas, antes, no isolamento do homem relativamente ao homem. É o *direito* desse isolamento, o direito do indivíduo *limitado*, limitado a si.

A aplicação prática do direito humano à liberdade é o direito humano à *propriedade privada*.

Em que consiste o direito humano à propriedade privada?

> Art.º 16 (Constituição de 1793): "Le droit de propriété est celui qui appartient à tout citoyen de jouir et de disposer à son gré de ses biens, de ses revenus, du produit de son travail et de son industrie" ["O direito de propriedade é aquele que pertence a todo cidadão de gozar e de dispor à sua vontade dos seus bens, dos seus rendimentos, do fruto do seu trabalho e da sua indústria"].

O direito humano de propriedade privada é, portanto, o direito de – arbitrariamente (*à son gré* [à sua vontade – francês]), sem referência aos outros homens, independentemente da sociedade – gozar a sua fortuna e dispor dela; [é] o direito do interesse próprio [*Eigennutz*].

Aquela liberdade individual, assim como esta aplicação dela, formam a base da sociedade civil. Ela faz com que cada homem encontre no outro homem, não a *realização*, mas antes a *barreira* da sua liberdade. Porém, ela proclama, antes de tudo, o direito do homem

> de jouir et de disposer à son gré de ses biens, de ses revenus, du produit de son travail et de son industrie.

Restam ainda os outros direitos humanos: a *égalité* e a *sûreté*.

A *égalité* – aqui, no seu significado não-político – não é senão a igualdade da *liberté* acima descrita, a saber: que cada homem seja, de igual modo, considerado como essa mônada que repousa sobre si [própria]. A Constituição de 1795 determina o conceito dessa igualdade, conforme a sua significação, assim:

Art.º 3 (Constitution de 1795). "L'égalité consiste en ce que la loi est la même pour tous, soit qu'elle protège, soit qu'elle punisse" ["A igualdade consiste em que a lei – quer proteja, quer castigue – é a mesma para todos"].

E a *sûreté*?

Art.º 8 (Constitution de 1793). "La sûreté consiste dans la protection accordée par la société à chacun de ses membres pour la conservation de sa personne, de ses droits et de ses propriétés" ["A segurança consiste na proteção concedida pela sociedade a cada um dos seus membros para a conservação da sua pessoa, dos seus direitos e das suas propriedades"].

A *segurança* é o supremo conceito social da sociedade civil, o conceito da *polícia*, porque a sociedade toda apenas existe para garantir a cada um dos seus membros a conservação da sua pessoa, dos seus direitos e da sua propriedade. Nesse sentido, Hegel chama à sociedade civil "o Estado da necessidade e do entendimento [*Noth und Verstandesstaat*]"[31].

Pelo conceito da segurança, a sociedade civil não se eleva acima do seu egoísmo. A segurança é, antes, o *asseguramento* do seu egoísmo.

Nenhum dos chamados direitos do homem vai, portanto, além do homem egoísta, além do homem tal como ele é membro da sociedade civil, a saber: [um] indivíduo remetido a si, ao seu interesse

[31] Nas notas que preparou para esta tradução, o prof. Barata-Moura assinalou, em relação a esta passagem: "Este Estado da 'necessidade' ou da carência (*Not*) e do 'entendimento' – a que Hegel também chama 'Estado externo' – corresponde à realização (*Verwirklichung*) de uma 'finalidade interesseira' (*selbstsüchtiger Zweck*), acondicionada a uma dimensão pobre de universalidade que funda 'um sistema de dependência recíproca' no que toca à subsistência e ao bem-estar dos singulares. Fica, assim, preso nas malhas estreitas do mero 'entendimento' (*Verstand*), porque é incapaz de elevar-se a um horizonte verdadeiramente *racional*, comunitariamente humano, de liberdade e de socialidade" (cf. K. Marx, *Para a questão judaica*. Lisboa: Avante!, 1997, p. 113) (N.E.B.).

privado e ao seu abrítrio privado, e isolado da comunidade. Neles, muito longe de o homem ser apreendido como ser genérico, [é] antes a própria vida genérica, a sociedade, [que] aparecem como um quadro exterior aos indivíduos, como limitação da sua autonomia original. O único vínculo que os mantém juntos é a necessidade da natureza, a precisão [*Bedürfnis*] e o interesse privado, a conservação da sua propriedade e da sua pessoa egoísta.

É já enigmático que um povo que precisamente começa a libertar-se, a derrubar todas as barreiras [*Barrièren*] entre os diversos membros do povo, a fundar uma comunidade política, [é enigmático] que um tal povo proclame solenemente (*Déclaration* [*Declaração*] de 1791[32]) a legitimação [*Berechtigung*] do homem egoísta, isolado do [seu] semelhante [*Mitmenschen*] e da comunidade, sim, [é enigmático] que repita essa proclamação num instante em que só o devotamento heroico pode salvar a nação (e é, portanto, imperiosamente exigido), num instante em que o sacrifício de todos os interesses da sociedade civil é posto na ordem do dia e o egoísmo tem que ser punido como um crime (*Déclaration des droits de l'homme* etc. [*Declaração dos direitos do homem* etc.], de 1793). Mais enigmático se torna esse fato quando vemos que a cidadania de Estado rebaixa mesmo a *comunidade política* dos emancipados políticos a mero *meio* para a conservação desses chamados direitos do homem; que, portanto, declara o *citoyen* servidor do *homme* egoísta; [que] degrada a esfera em que ele se comporta como ser genérico à esfera em que ele se comporta como ser parcelar; [que,] finalmente, não [é] o homem como *citoyen*, mas o homem como *bourgeois* [que] é tomado por homem *verdadeiro* e *propriamente dito*.

> Le but de toute association politique est la conservation des droits naturels et imprescriptibles de l'homme (Déclaration des droits etc., de 1791, art 2º). Le gouvernement est institué pour garantir à l'homme la

---

[32] Trata-se da *Declaração dos direitos do homem e do cidadão*, de 26 de agosto de 1789, colocada na abertura da Constituição de 1791.

> jouissance de ses droits naturels et imprescriptibles [O objetivo de toda associação política é a conservação dos direitos naturais e imprescritíveis do homem; O governo é instituído para garantir ao homem o gozo dos seus direitos naturais e imprescritíveis] (Déclaration [Declaração] etc., de 1793, art 1º)

Portanto, mesmo nos momentos do seu entusiasmo de frescor juvenil[33] e levados ao extremo pelo ímpeto das circunstâncias, a vida política declara-se um mero *meio*, cuja finalidade é a vida da sociedade civil. Com efeito, a sua prática revolucionária está em flagrante contradição com a sua teoria. Enquanto, por exemplo, a segurança é declarada como um direito do homem, a violação do segredo de correspondência é publicamente posta na ordem do dia. Enquanto a "*liberté* indéfinie *de la presse*" ["*liberdade* indefinida *da imprensa*"] (*Constitution* [*Constituição*] de 1793, artº 122) é garantida como consequência do direito do homem, da liberdade individual, a liberdade de imprensa é completamente aniquilada, pois "*la liberté de la presse ne doit pas être permise lorsqu'elle compromet la liberté publique*" ["*a liberdade da imprensa não pode ser permitida quando ela compromete a liberdade pública*"] (Robespierre jeune, *Hist. Parlem. de la Rév. Franç. par Buchez et Roux*, t. 28, p. 159)[34], i. e., portanto: o direito humano da liberdade deixa de ser um direito assim que entra em conflito com a vida *política*, enquanto, segundo a teoria, a vida política é apenas a garantia dos direitos humanos, dos direitos do homem individual; ele tem, portanto, que ser liquidado assim que contradiz a sua *finalidade*, esses direitos humanos. Mas a prática é apenas a exceção, e a teoria [é] a regra. Mesmo que se quisesse,

---

[33] Na forma original da versão do prof. Barata-Moura: "... nos momentos do seu entusiasmo de frescura juvenil..." (N.E.B.).

[34] A fonte de Marx é P. Bouchez e P. Roux-Lavergne, *Histoire parlementaire des mois de juin, juillet, août, septembre et octobre 1793; Histoire parlementaire de la révolution française ou journal des assemblées nationales depuis 1789-1815* [*História parlamentar dos meses de junho, julho, agosto, setembro e outubro de 1793; História parlamentar da revolução francesa ou jornal das assembleias nacionais de 1789 a 1815*]. Paris, Paulin, 1836, t. 28, p. 159.

porém, considerar a prática revolucionária como a correta posição da relação, continua ainda por resolver o enigma de por que é que, na consciência dos emancipadores políticos, a relação está posta de cabeça para baixo e a finalidade aparece como meio [e] o meio como finalidade. Essa ilusão ótica da sua consciência continuaria a ser o mesmo enigma, embora [fosse] então um enigma psicológico, um [enigma] teórico.

O enigma se resolve simplesmente.

A emancipação política é, simultaneamente, a *dissolução* da velha sociedade sobre que repousa o sistema de Estado alienado do povo, o poder do soberano. A revolução política é a revolução da sociedade civil. Qual era o caráter da velha sociedade? Uma palavra a caracteriza. A feudalidade. A velha sociedade civil tinha *imediatamente* um caráter *político*, i. e., os elementos da vida civil (como, por exemplo, a posse ou a família, ou o modo de trabalho) estavam elevados a elementos da vida de Estado na forma da senhorialidade fundiária, do estado [social, *Stand*] e da corporação. Eles determinavam, nessa forma, a relação do indivíduo singular para com o *todo do Estado*, i. e., a sua relação *política*, i. e., a sua relação de separação e exclusão relativamente às outras partes componentes da sociedade. Pois aquela organização da vida do povo não elevou a posse ou o trabalho a elementos sociais, mas completou antes a sua *separação* relativamente ao todo do Estado, e constituiu-os em sociedades *particulares* na sociedade. Assim, as funções vitais e as condições vitais da sociedade civil continuavam, entretanto, ainda, a ser políticas, ainda que políticas no sentido da feudalidade, i. e., elas excluíam o indivíduo do todo do Estado, transformavam a relação particular da sua corporação para com o todo do Estado na sua relação universal própria para com a vida do povo, bem como a sua atividade em situação universal. Como consequência dessa organização, necessariamente, a unidade do Estado (bem como a consciência, a vontade e a atividade da unidade de Estado – o poder de Estado universal) aparece igualmente como assunto *particular* de um soberano, apartado do povo e dos seus servidores.

A revolução política – que derrubou esse poder do soberano e elevou os assuntos de Estado a assuntos do povo, que constituiu o Estado político como assunto *universal*, i. e., como Estado real – destroçou necessariamente todos os estados [sociais, *Stände*], corporações, grêmios, privilégios, que eram, precisamente, outras tantas expressões da separação do povo relativamente à sua comunidade. A revolução política *suprimiu*, com isso, o *caráter político da sociedade civil*. Destroçou a sociedade civil nas suas partes componentes simples: por um lado, nos *indivíduos*; por outro lado, *nos elementos materiais* e *espirituais*, que formam o conteúdo vital, a situação civil desses indivíduos. Soltou o espírito político que, de algum modo, estava dissipado, fracionado, diluído nos diversos becos da sociedade feudal; reuniu-o dessa dispersão, libertou-o da sua mistura com a vida civil, e constituiu-o como a esfera da comunidade, dos assuntos *gerais* do povo, em independência ideal relativamente àqueles elementos *particulares* da vida civil. A atividade de vida *determinada* e a situação de vida determinada decaíram para um significado apenas individual. Elas deixaram de fornecer a relação universal do indivíduo para com o todo do Estado. Os assuntos públicos, como tais, tornaram-se antes assunto universal de cada indivíduo, e a função política [tornou-se] a sua função universal.

Só que o completamento do idealismo do Estado foi, simultaneamente, o completamento do materialismo da sociedade civil. O sacudir do jugo político foi, simultaneamente, o sacudir dos vínculos que mantinham preso o espírito egoísta da sociedade civil. A emancipação política foi, simultaneamente, a emancipação da sociedade civil relativamente à política, relativamente à *aparência* mesma de um conteúdo universal.

A sociedade feudal foi dissolvida no seu fundamento, no *homem*. Mas no homem tal como ele era realmente fundamento dela, no homem *egoísta*.

Esse *homem*, o membro da sociedade civil, é agora a base, o pressuposto, do Estado *político*. É por ele reconhecido como tal nos direitos do homem.

A liberdade do homem egoísta e o reconhecimento dessa liberdade é porém, antes, o reconhecimento do movimento *desenfreado* dos elementos espirituais e materiais que formam o seu conteúdo de vida.

O homem não foi, portanto, libertado da religião; recebeu a liberdade de religião. Não foi libertado da propriedade. Recebeu a liberdade de propriedade. Não foi libertado do egoísmo do ofício [*Gewerbe*], recebeu a liberdade de ofício.

A *constituição do Estado político*, e a dissolução da sociedade civil nos indivíduos independentes – de que o *direito* é a relação, assim como o *privilégio* era a relação do homem do estado [social, *Stand*] e do [homem do] grêmio –, perfaz-se *num e no mesmo ato*. O homem, tal como é membro da sociedade civil, o homem *impolítico*, aparece, porém, necessariamente como o homem *natural*. Os *droits de l'homme* [direitos do homem] aparecem como *droits naturels* [direitos naturais], pois a *atividade autoconsciente* concentra-se no *ato político*. O homem *egoísta* é o resultado *passivo* (apenas, *encontrado*) da sociedade dissolvida, [é] objeto da *certeza imediata*, portanto, objeto *natural*[35]. A *revolução política* dissolve a vida civil nas suas partes componentes, sem *revolucionar* e submeter à crítica essas mesmas partes componentes. Ela comporta-se para com a sociedade civil, para com o mundo das precisões, do trabalho, dos interesses privados, do Direito privado, como para com a *base do seu subsistir*, como para com um *pressuposto* não mais ulteriormente fundamentado, portanto, como para com a sua *base natural*. Por fim, o homem, tal como ele é membro da

---

[35] Nas suas notas, lembra o prof. Barata-Moura que, "para Hegel, a 'certeza imediata' ou 'sensível' apenas nos dá a faticidade ou 'naturalidade' discreta dos objetos, sem ascender a uma compreensão da sua essência, do seu movimento, das suas relações, em suma, da sua verdade" (N.E.B.).

sociedade civil, vale como o homem *propriamente dito*, como o *homme* que é diferente do *citoyen*, porque ele é o homem na sua existência individual sensível *mais próxima*, enquanto o homem *político* é apenas o homem abstraído, artificial, o homem como uma pessoa *alegórica*, *moral*. O homem real só é reconhecido na figura do indivíduo *egoísta*, o homem *verdadeiro* só [é reconhecido] na figura do *citoyen* abstrato.

Rousseau descreve corretamente a abstração do homem político assim:

> Celui qui ose entreprendre d'instituer un peuple doit se sentir en état de changer, pour ainsi dire, la nature humaine, de transformer chaque individu, qui par lui-même est un tout parfait et solitaire en partie d'un plus grand tout, dont cet individu reçoive en quelque sorte sa vie et son être, de substituer une existence partielle et morale à l'existence physique et indépendente. Il faut qu'il ôte à l'homme ses forces propres pour lui en donner qui lui soient étrangères et dont il ne puisse faire usage sans le secours d'autrui [Aquele que ousa tratar de instituir um povo deve sentir-se em estado de mudar, por assim dizer, a natureza humana, de transformar cada indivíduo (que, por si mesmo, é um todo perfeito e solitário) em parte de um todo maior (do qual esse indivíduo receba, de alguma maneira, a vida e o ser), de substituir uma existência parcial e moral à existência física e independente. É preciso que ele tire ao homem as suas forças próprias para lhe dar [forças] que lhe sejam estranhas e de que ele não possa fazer uso sem o socorro de outrem] (*Cont. Soc.*, Liv. II, Londr., 1782, pp. 67-68).

*Toda* a emancipação política é a redução do homem, por um lado, a membro da sociedade civil, a indivíduo *egoísta independente*; por outro, a *cidadão*, a pessoa moral.

Só quando o homem individual retoma em si o cidadão abstrato e, como homem individual – na sua vida empírica, no seu trabalho individual, nas suas relações individuais –, se tornou *ser genérico*; só quando o homem reconheceu e organizou as suas *forces propres* [*forças próprias*] como *forças sociais* e, portanto, não separa mais de si a força social na figura da força *política* – [é] só então [que] está consumada a emancipação humana.

## II
## "Die Fähigkeit der heutigen Juden und Christen frei zu werden" [ "A capacidade dos judeus e dos cristãos hodiernos para se tornarem livres" ], de Bruno Bauer (Einundzwanzig Bogen [Vinte e um cadernos], pp. 56-71)[36]

[É] sob essa forma que Bauer trata a relação da religião *judaica* e *cristã*, bem como a relação delas com a crítica. A sua relação com a crítica é a sua relação "à capacidade de se tornar livre".

Dá nisto:

> O cristão tem apenas de subir um degrau (a saber: acima da sua religião) para suprimir a religião em geral, portanto, para se tornar livre; o judeu, em contrapartida, tem de romper não só com a sua essência judaica, mas também com o desenvolvimento do completamento da sua religião, com um desenvolvimento que lhe permaneceu estranho (p. 71).

Bauer transforma portanto aqui a questão da emancipação dos judeus numa questão puramente religiosa. O escrúpulo teológico de [saber] quem [é que] tem mais probabilidades de se tornar bem-aventurado – se o judeu, se o cristão – repete-se aqui na forma ilustrada (*aufgeklärte*) de [saber] qual dos dois é *capaz de*

[36] Bruno Bauer, "Die Fähigkeit der heutigen Juden und Christen frei zu werden" ["A capacidade dos judeus e dos cristãos hodiernos para se tornarem livres"], *Einundzwanzig Boden aus der Schweiz*, ed. Georg Herweg, Zurich, 1843.

Esse artigo de Bauer (elaborado na sequência daqueles mencionados *supra*, na nota 1) relaciona-se ao fato de que, em maio de 1842, foram dadas a público diretrizes referentes a uma nova legislação sobre os judeus, que visavam – alocando-os a "corporações" específicas – isolá-los dos demais "cidadãos" cristãos. Há indicações de que, em novembro de 1842, o editor já tinha em mãos o texto de Bauer.

Observe-se o nome do volume, organizado por Herweg e editado na Suíça por Julius Fröbel: *Vinte e um cadernos da Suíça* [*Einundzwanzig Boden aus der Schweiz*] – em 4 de outubro de 1842, uma determinação de Frederico Guilherme IV isentava de censura as publicações com mais de 20 cadernos de impressão, desde que indicassem autor e editor; Herweg escolheu o título e um editor estrangeiro para garantir a livre circulação da obra. O recurso não funcionou: apesar dele, a publicação foi confiscada e proibida.

*emancipação*. Com efeito, já não se pergunta se o judaísmo ou se o cristianismo libertam, mas antes, inversamente, se é a negação do judaísmo ou a negação do cristianismo que liberta mais.

> Se se querem libertar, os judeus não devem converter-se ao cristianismo, mas ao cristianismo dissolvido, à religião dissolvida, em geral, i. e., às Luzes, à crítica e ao seu resultado, à humanidade livre (p. 70).

Para os judeus, continua ainda a tratar-se de uma *profissão [de fé]*, só que não já de profissão [de fé] no cristianismo, mas no cristianismo dissolvido.

Bauer faz aos judeus a exigência de romperem com a essência da religião cristã, uma exigência que, como ele próprio diz, não decorre do desenvolvimento da essência judaica.

Depois de, na conclusão da questão judaica, Bauer ter concebido o judaísmo apenas como a crítica religiosa grosseira do cristianismo[37], de ter, portanto, lhe conferido uma significação "apenas" religiosa, era de prever que a emancipação dos judeus se tornasse também um ato filosófico-teológico.

Bauer apreende a essência abstrata *ideal* do judeu, a sua religião, como a essência *toda* dele. Conclui, portanto, com razão: "O judeu não dá à humanidade nada, quando ele para si despreza a sua lei limitada", quando ele suprime todo o seu judaísmo (p. 65).

A relação dos judeus e dos cristãos torna-se, pois, a seguinte: o único interesse do cristão na emancipação do judeu é um [in-

---

[37] "O judaísmo é seguido pelo cristianismo na sua cruzada de conquista pelo mundo, a fim de lhe recordar sempre a sua origem e a sua verdadeira natureza. Ele é a dúvida incorporada na origem celeste do cristianismo, o inimigo religioso da religião que se anunciava como a [religião] completa, unicamente justificada, e nem uma vez sequer o pequeno bando daqueles de que – do meio deles surgida – ela podia triunfar. O judaísmo era a pedra-de-toque em que a cultura cristã mais puramente demonstrava que a sua essência era a do privilégio. (...) A crítica religiosa grosseira que o judaísmo exercia, e com ela o próprio judaísmo, tornaram-se finalmente supérfluos pela crítica humana livre que decidiu a causa do cristianismo e que, por esse fato, demonstrou também o judaísmo como um luxo medieval, como um mero sobejo da história do cristianismo e como injustificado, porque ela só podia surgir do meio da cultura cristã" (B. Bauer, *Die Judenfrage*, *cit.*, pp. 114-115).

teresse] geralmente humano, um interesse *teórico*. O judaísmo é um fato afrontoso para o olhar religioso do cristão. Assim que o seu olhar deixa de ser religioso, esse fato deixa de ser afrontoso. A emancipação do judeu, em e para si, não é trabalho para o cristão.

Em contrapartida, para se libertar, o judeu tem não apenas de fazer o seu próprio trabalho mas também, simultaneamente, o trabalho do cristão – a crítica dos sinópticos e a vida de Jesus etc.[38]

> O assunto é deles; eles próprios determinarão o seu destino; mas a história não deixa que se troce dela (p. 71).

Procuremos romper a versão teológica da questão. A pergunta pela capacidade de emancipação do judeu se transforma para nós, na pergunta de [saber] qual o elemento *social* particular de que há que triunfar para suprimir o judaísmo. Pois a capacidade de emancipação do judeu hodierno é a relação do judaísmo com a emancipação do mundo hodierno. Essa relação resulta necessariamente da posição particular do judaísmo no mundo escravizado (*geknechtete*) hodierno.

Consideremos o judeu mundano real, não o *judeu do Sabat*, como Bauer faz, mas o *judeu de todos os dias*[39].

Procuremos o segredo do judeu, não na sua religião, mas procuremos o segredo da religião no judeu real.

---

[38] Marx alude aqui a uma obra de B. Bauer (*Kritik der evangelischen Geschichte der Synoptiker* [*Crítica da história evangélica dos sinópticos*] e a outra de David Friedrich Strauss, *Des Leben Jesu* [*A vida de Jesus*], em que se criticava a religião do ponto de vista dos hegelianos de esquerda.

[39] Nas notas que após à sua tradução, o prof. Barata-Moura pontuou aqui: "Em todo esse contexto, 'judeu' e 'judaísmo' não apresentam mais qualquer conotação religiosa ou de povo, destinada a estigmatizar os confessores coevos dessa fé; passam a figurar, sim, como categoria social e econômica em que se incluem, em termos gerais, os 'senhores do dinheiro' e os seus adoradores. É descabido, portanto, falar-se a esse propósito de um antissemitismo de Marx, quando ele se limita a tirar partido crítico de um uso corrente desses vocábulos na linguagem da época, pondo inclusivamente em evidência o 'judaísmo' prático de muitos cristãos. O 'judeu de todos os dias' é todo aquele que, no cotidiano, assoma como exercendo a exploração capitalista" (Cf. K. Marx, *Para a questão judaica*. Lisboa: Avante!, 1997, p. 118) (N.E.B.).

Qual é o fundamento mundano do judaísmo? A precisão *prática*, o *interesse próprio* (*Eigennutz*).

Qual é o culto mundano do judeu? O *tráfico* (*Schacher*). Qual é o seu deus mundano? O *dinheiro*.

Ora bem! A emancipação relativamente ao *tráfico* e ao *dinheiro* – portanto, relativamente ao judaísmo real, prático – seria a autoemancipação do nosso tempo.

Uma organização da sociedade que suprimisse os pressupostos do tráfico (portanto, a possibilidade do tráfico) teria tornado o judeu impossível. A sua consciência religiosa dissolver-se-ia como um vapor insípido na atmosfera real da sociedade. Por outro lado: quando o judeu reconhece esta sua essência *prática* como nula e trabalha pela sua supressão, sai do seu desenvolvimento até aqui, para trabalhar pela *emancipação humana*, pura e simplesmente, para voltar-se [40] contra a expressão *prática suprema* da *autoalienação* humana.

Reconhecemos, portanto, no judaísmo, um elemento *antissocial* universal *presente* que, pelo desenvolvimento histórico em que os judeus colaboraram zelosamente nessa ligação má, foi levado ao seu extremo atual, a um extremo em que necessariamente tem que se dissolver.

A *emancipação dos judeus*, na sua significação última, é a emancipação da humanidade relativamente ao *judaísmo*.

O judeu já se emancipou à maneira judaica.

> O judeu, que em Viena, por exemplo, é apenas tolerado, determina pelo seu poder do dinheiro o destino de todo o império. O judeu, que no mais pequeno Estado alemão pode não ter direitos, decide da sorte da Europa. Enquanto as corporações e os grêmios se fecham ao judeu, ou não lhe são ainda propícios, a audácia da indústria troça da obstinação dos institutos medievais (B. Bauer, *Judenfrage*, p. 114).

---

[40] Na forma original da versão do prof. Barata-Moura: "... está a sair do seu desenvolvimento até aqui, a trabalhar pela *emancipação humana*, pura e simplesmente, e a voltar-se..." (N.E.B.).

Isso não é nenhum fato isolado. O judeu emancipou-se à maneira judaica, não só na medida em que se apoderou do poder do dinheiro, mas na medida em que, através dele e sem ele, o *dinheiro* se tornou poder mundial, e o espírito judeu prático [se tornou] o espírito prático dos povos cristãos. Os judeus emanciparam-se na medida em que os cristãos se tornaram judeus.

> O habitante pio e politicamente livre da Nova Inglaterra – relata, por exemplo, o coronel Hamilton – é uma espécie de Laocoonte que não faz o mínimo esforço para se libertar das serpentes que o apertam. Mamão [Mamon]41 é o seu ídolo; adoram-no não apenas com os lábios, mas com todas as forças do seu corpo e da sua mente. Aos seus olhos, a Terra não é senão uma bolsa, e eles estão convencidos de que não têm qualquer outra destinação, neste mundo, senão tornarem-se mais ricos do que os vizinhos. O tráfico apoderou-se de todos os seus pensamentos, o seu único descanso é trocarem de objetos. Quando viajam, levam às costas, por assim dizer, a sua tralha e a sua caixa, e não falam senão de juros e de ganho, e se por um momento perdem de vista os negócios, isso é apenas para meterem o nariz nos dos outros[42].

Sim, a dominação prática do judaísmo sobre o mundo cristão alcançou, na América do Norte, a expressão normal e não-ambígua de que o próprio *anúncio do Evangelho*, de que o magistério cristão se tornou um artigo de comércio, e o comerciante falido negocia em Evangelho tal como o evangelista enriquecido em negociozinhos.

> Tel que vous le voyez à la tête d´une congrégation respectable a commencé par être marchand; son commerce étant tombé, il s´est fait ministre; cet

41 Segundo a lenda, Laocoonte era um sacerdote troiano que pôs os seus concidadãos de sobreaviso contra o cavalo de madeira abandonado pelos gregos diante da cidade; como a perdição de Troia já estava decidida pelos deuses, Apolo enviou duas serpentes gigantescas que estrangularam Laocoonte e seus filhos.
A referência a Mamão alude ao episódio bíblico do bezerro de ouro que Aarão mandou fundir e que os judeus passaram a adorar, vendo que Moisés demorava a descer do monte Sinai.

42 Cf. Thomas Hamilton, *Die Menschen und die Sitten in den vereinigten Staaten von Nordamerika*, ed. cit., vol. 1, pp. 109-110.

autre a débuté par le sacerdoce, mais dès qu'il a eu quelque somme d'argent à la disposition, il a laissé la chaire pour le négoce. Aux yeux d'um grand nombre, le ministère réligieux est une véritable carrière industrielle [Um [fulano] que vedes à frente de uma congregação respeitável começou por ser mercador; tendo o seu comércio caído, fez-se ministro; este outro começou pelo sacerdócio, mas, assim que teve algum dinheiro à disposição, deixou o púlpito pelo negócio. Aos olhos de um grande número, o ministério religioso é uma verdadeira carreira industrial] (Beaumont, *op. cit.*, pp. 185, 186).

Segundo Bauer, é:

uma situação mentirosa quando, na teoria, são retirados ao judeu os direitos políticos, enquanto, na prática, ele possui um poder enorme e exerce *en gros* [no atacado – francês] a sua influência política, quando esta lhe é reduzida no *détail* [varejo – francês] (*Judenfrage*, p. 114).

A contradição em que o poder político prático do judeu está relativamente aos seus direitos políticos é a contradição da política e do poder do dinheiro, em geral. Enquanto a primeira está idealmente acima do segundo, ela tornou-se de fato serva deste.

O judaísmo conservou-se *ao lado* do cristianismo, não só como crítica religiosa do cristianismo, não só como dúvida incorporada na linhagem religiosa do cristianismo, mas precisamente porque o espírito prático-judaico, porque o judaísmo se conservou na própria sociedade cristã, e conservou mesmo [aí] o seu desabrochamento supremo. O judeu, que está na sociedade civil como membro particular, é apenas o fenômeno particular do judaísmo da sociedade civil.

O judaísmo não se conservou apesar da história, mas através da história.

A partir das suas próprias entranhas, a sociedade civil engendrou continuamente o judeu.

Qual era, em e para si, a base da religião judaica? A precisão prática, o egoísmo.

O monoteísmo do judeu é, portanto, na realidade, o politeísmo das muitas precisões, um politeísmo que faz mesmo da latrina um objeto da lei divina[43]. A *precisão prática*, o *egoísmo*, é o princípio da *sociedade civil* e sobressai puramente como tal logo que a sociedade civil faz completamente nascer de si o Estado político. O deus da *precisão política e do interesse próprio* é o *dinheiro*.

O dinheiro é o zeloso deus de Israel, perante o qual nenhum deus pode subsistir. O dinheiro rebaixa todos os deuses do homem – e transforma-os numa mercadoria. O dinheiro é o *valor* universal – constituído para si próprio – de todas as coisas. Roubou portanto ao mundo inteiro – ao mundo dos homens tal como à natureza – o seu valor peculiar. O dinheiro é a essência – alienada ao homem – do seu trabalho e da sua existência; e essa essência estranha domina-o, e ele adora-a.

O deus dos judeus mundanizou-se, tornou-se deus mundial. A troca é o deus real dos judeus. O deus deles é apenas a troca ilusória.

A intuição que, sob a dominação da propriedade privada e do dinheiro, se tem da natureza é o desprezo real, a degradação prática da natureza, a qual existe decerto na religião judaica, mas apenas na imaginação.

Nesse sentido, Thomas Münzer declara insuportável

> que toda criatura seja tornada propriedade: os peixes na água, as aves no ar, as plantas na terra – a criatura teria também de se tornar livre[44].

Aquilo que permanece abstrato na religião judaica – o desprezo da teoria, da arte, da história, do homem como autofinalidade – é o ponto de vista *consciente*, *real*, [é] a virtude do homem do dinheiro. A própria relação genérica, a relação do homem e da mulher etc., torna-se objeto de comércio. A mulher é traficada.

A nacionalidade *quimérica* do judeu é a nacionalidade do comerciante, sobretudo do homem do dinheiro.

---

43 "Reservarás um sítio, fora do acampamento, para onde possas dirigir-te; terás também, no teu acampamento, uma pá, e, quando para ali fores, cavarás a terra com esse instrumento, cobrindo as tuas dejeções" (*Deuteronômio*, 23, 12-13).

44 Marx extrai essa passagem de um escrito de T. Münzer contra Lutero, publicado em 1524.

A lei sem fundamento nem razão [*grund und bodenloses*] do judeu é apenas a caricatura religiosa da moralidade e do Direito, em geral, sem fundamento nem razão, dos ritos apenas *formais*, de que o mundo do interesse próprio se rodeia.

Também aqui a relação suprema do homem é a relação *legal*, a relação para com leis que para ele não valem porque elas são as leis da sua vontade e essência próprias, mas porque elas *dominam*, e porque o desvio relativamente a elas é *punido*.

O jesuitismo judaico – o mesmo jesuitismo prático que Bauer demonstra no Talmude[45] – é a relação do mundo do interesse próprio com as leis que o dominam, e cujo torneamento astuto forma a arte principal desse mundo.

Sim, o movimento desse mundo no interior das suas leis é necessariamente uma constante supressão da lei.

O judaísmo não podia se desenvolver mais como *religião*, não podia se [desenvolver mais] teoricamente, porque a mundividência da precisão prática é, pela sua natureza, tacanha e esgota-se em poucos tragos.

A religião da precisão prática, pela sua essência, não podia encontrar o seu completamento na teoria, mas apenas na *prática*, precisamente, porque a sua verdade é a prática.

O judaísmo não podia criar nenhum mundo novo; podia apenas atrair as novas criações do mundo e as [novas] relações do mundo para o domínio da sua atividade [industriosa, *Betriebsamkeit*], porque a precisão prática (de que o interesse próprio é o entendimento) se comporta passivamente e não se alarga a bel-prazer (*beliebig*), mas só se *acha* alargada com o ulterior desenvolvimento das situações sociais.

O judaísmo alcança o seu ponto culminante com o completamento da sociedade civil; mas a sociedade civil só se completa

---

[45] Antiga coleção de leis, preceitos e costumes, compilada pelos doutores da religião judaica, que registra, sob forma predominantemente aforística, a tradição oral da vivência do povo judeu.

no mundo *cristão*. Só sob a dominação do cristianismo (que torna *exteriores* ao homem *todas* as relações nacionais, naturais, éticas, teóricas) podia a sociedade civil separar-se completamente da vida do Estado, rasgar todos os vínculos genéricos do homem, pôr o egoísmo (a precisão interesseira) no lugar desses vínculos genéricos, dissolver o mundo dos homens num mundo de indivíduos atomísticos que hostilmente se confrontam.

O cristianismo brotou do judaísmo. Dissolveu-se de novo [porém] no judaísmo.

O cristão era de antemão o judeu teorizante; o judeu é, portanto, o cristão prático, e o cristão prático tornou-se de novo judeu.

O cristianismo tinha, apenas na aparência, triunfado do judaísmo real. Era demasiado *distinto*, demasiado espiritualista, para não eliminar a rudez da precisão prática a não ser pela elevação ao céu azul.

O cristianismo é o pensamento sublime do judaísmo; o judaísmo é a comum aplicação útil do cristianismo; mas essa aplicação útil só podia se tornar uma [aplicação] universal depois de o cristianismo, como religião acabada, ter completado *teoricamente* a autoalienação do homem relativamente a si [próprio] e à natureza.

Só então podia o judaísmo chegar à dominação universal e fazer do homem exteriorizado [ou alienado, *entäusserter*], da natureza exteriorizada, objetos *alienáveis* (*veräusserliche*), comerciáveis, entregues à servidão da precisão egoísta, ao tráfico.

A alienação [ou venda, *Entäusserung*] é a prática do externamento [ou alienação, *Entäusserung*]. Assim como o homem (enquanto estiver religiosamente constrangido) apenas sabe objetivar a sua essência (na medida em que faz dela um ser fantástico *estranho*), também, sob a dominação da precisão egoísta, apenas [pode] atuar praticamente, apenas [pode] engendrar objetos praticamente – uma vez que põe tanto os seus produtos quanto a sua atividade sob a dominação de um ser estranho e lhes atribui a significação de um ser estranho, [a significação] do dinheiro.

Na sua prática completa, o egoísmo de bem-aventurança cristão converte-se necessariamente no egoísmo corpóreo do judeu, a precisão celestial na [precisão] terrena, o subjetivismo no interesse próprio. Nós não explicamos a tenacidade do judeu a partir da sua religião, mas, antes, a partir do fundamento humano da sua religião, da precisão prática, do egoísmo.

Porque a essência real do judeu se realizou universalmente, se mundanizou, na sociedade civil, a sociedade civil não pôde convencer o judeu da *irrealidade* da sua essência *religiosa*, a qual é precisamente apenas a intuição ideal da precisão prática. Portanto, não é apenas no Pentateuco[46] ou no Talmude, é na sociedade atual que nós encontramos a essência do judeu hodierno – não como um ser abstrato, mas como um [ser] sumamente empírico; não só como estreiteza (*Beschränktheit*) do judeu, mas como estreiteza judaica da sociedade.

Logo que a sociedade venha a suprimir a essência *empírica* do judaísmo – o tráfico e os seus pressupostos –, o judeu será tornado *impossível*, porque a sua consciência já não tem mais objeto, porque a base subjetiva do judaísmo (a precisão prática) foi humanizada, porque o conflito da existência individual-sensível com a existência genérica do homem foi suprimida.

A emancipação *social* do judeu é a *emancipação da sociedade relativamente ao judaísmo*.

---

[46] *Pentateuco*: designação dada aos cinco primeiros livros da Bíblia, ou livros de Moisés: *Gênesis, Êxodo, Levítico, Números* e *Deuteronômio*.